미국인 사용빈도 1위-500위 기초 영단어

14만 유튜버
지니쌤 지음

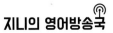
지니의 영어방송국

원어민 녹음 MP3 다운로드
지니의 영어방송국 www.joyclass.co.kr

〈미국인 사용빈도 1위-500위 기초 영단어〉 동영상 강의(유료)
유튜브에서 '지니의 영어방송국'으로 검색

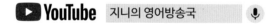

휴대폰 암기카드앱 다운로드
구글 스토어 또는 애플 앱스토어에서 '지니의 영어방송국'으로 검색

PROLOGUE

안녕하세요. 지니쌤입니다.

영어 교육 현장에 오랫동안 몸담고 있으면서 항상 느끼는 것 중 하나가 영어 학습자들이 의외로 쉬운 영어 단어의 쓰임을 제대로 알지 못한다는 점이었습니다.

그런 이유로 저는 영어를 오랫동안 손에서 놓으셨던 분들에게는 학창 시절 익혔던 쉬운 단어부터 다시 학습하는 것을 추천합니다. 왜냐하면 영어 단어는 말하기, 읽기, 듣기, 쓰기, 그 어떤 영어 분야를 공부하든 가장 기본이 되기 때문입니다.

〈미국인 사용빈도 1위-500위 기초 영단어〉는 미국인이 쓰는 모든 말과 글을 컴퓨터로 분석한 데이터베이스인 COCA(Corpus of Contemporary American English) 자료를 토대로 사용빈도 1위부터 500위까지의 단어를 학습할 수 있도록 구성한 교재입니다.

이 교재에서 다루고 있는 단어들의 사용빈도가 매우 높기 때문에 제대로 익히시면 앞으로 어떤 영어 분야를 학습하더라도 많은 도움이 될 거라 믿습니다.

마지막으로 이 책이 나오기까지 많은 도움주신 이윤정 님과 바융시 님, 김승영 님 그리고 사랑하는 가족에게 감사의 마음을 전합니다.

지니쌤

CONSTRUCTION

〈미국인 사용빈도 1위-500위 기초 영단어〉 교재에 대한 지니쌤 동영상 강의와 표현 복습을 위한 휴대폰 암기카드 앱을 활용해 보세요.

지니쌤 동영상 강의

지니의 영어방송국 유튜브 채널에서 〈미국인 사용빈도 1위-500위 기초 영단어〉의 동영상 강의(유료)를 보실 수 있습니다.

휴대폰 암기카드 앱

휴대폰의 구글 스토어 또는 애플 앱스토어에서 '지니의 영어방송국'으로 검색해서 암기카드 앱을 설치하세요. 교재에서 다룬 모든 단어와 예문을 앱을 통해 간편하게 암기하실 수 있습니다.

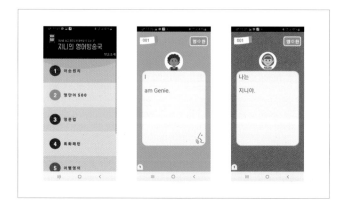

교재 〈미국인 사용빈도 1위-500위 기초 영단어〉는 크게 2단계로 구성되어 있습니다.

01
빈도순 단어 학습

미국인 사용빈도 1위-500위 영단어를 1일 20개 단어, 25일 만에 학습할 수 있습니다.

02
문제를 통한 복습

Checkup에서는 학습한 영어 단어를 15개 영작 문제를 통해 복습합니다.

CONTENTS

DAY
01

미국인 사용빈도
001위 - 020위

the
더

그

Close the window. 창문을 닫아.
the sun and the moon 태양과 달

 the는 서로 이미 알고 있는 것을 가리킬 때나 세상에 하나밖에 없는 대상(the sun, the moon) 앞에 써요.

is
이즈
is - was - been

1. ~이다　2. ~에 있다

My name is Genie. 내 이름은 지니야.
She is at home. 그녀는 집에 있어.

 is는 be동사예요. be동사에는 am, are, is가 있는데, am은 주어가 1인칭(I)일 때, are는 주어가 2인칭(you)이거나 복수일 때, is는 주어가 3인칭 단수일 때 써요.

and
앤드

그리고, ~와/과

you and I 너와 나
I like jazz and she likes hip-hop.
나는 재즈를 좋아하고, 그녀는 힙합을 좋아해.

 and는 접속사로 서로 비슷한 뜻을 가진 단어와 문장을 연결해 주는 역할을 해요.

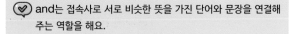

004위

of
오ㅂ

1. ~의   2. ~중에서

the end of the world 세상의 끝
one of my friends 내 친구들 중 한 명

 우리말 '의'는 명사 '세상' 앞에 오지만, 영어는 of the world
로 of가 명사 the world 앞에 위치해요. 그래서 '앞에 위치하
는 말'이란 뜻에서 전치사라 하죠.

 005위

a
어

하나의

He is a student. 그는 학생이야.
a day ago 하루 전에

 a는 셀 수 있는 명사의 단수형 앞에서 '(정해지지 않은) 불특정
한 하나'의 의미로 써요. 자음으로 시작하는 단어 앞에는 a, 모
음(a, e, i, o, u)으로 발음되는 단어 앞에는 an을 쓰죠.
a tree, a man / an egg, an elephant

 006위

in
인

1. (공간) ~안에   2. (시간) ~에

in the box 상자 안에
in 2016 2016년에

 in은 전치사로 장소나 사물의 내부나 월, 계절, 연도 등 비교적
긴 시간 앞에 써요. in the car 차 안에 / in March 3월에

to
투

1. (위치) ~에, ~(으)로   2. (시간) ~까지

I go to school. 나는 학교에 다녀.
from 9 to 5 9시부터 5시까지

> ✅ to Seoul 서울로, to the door 문으로 / from Monday to Sunday 월요일부터 일요일까지

have
해브
have-had-had

1. 가지고 있다   2. 먹다

I have a cellphone. 나는 휴대폰이 있어.
I have breakfast. 나는 아침을 먹어.

> ✅ 주어가 3인칭 단수이고, 현재시제일 때는 have 대신 has를 써요. **She has a car.** 그녀는 차가 있어.

it
잍

1. 그것   2. 비인칭 주어

It's on the table. 그것은 탁자 위에 있어.
It's cold. 추워.

> ✅ 날씨, 날짜, 시간, 요일, 거리, 명암 등을 나타낼 때 문장의 주어로 it을 사용하는데, 이를 '비인칭 주어'라 해요. 이때 it은 해석하지 않죠. **It's 6 o'clock.** 6시야. / **It's Sunday.** 일요일이야.

010위

I

아이

나는, 내가

I am Sam. 나는 샘이야.
I'm 35. 나는 35살이야.

> ✅ I는 대명사예요. 대명사는 명사를 대신해서 쓰는 말로, 똑같은 명사를 반복하지 않고 간결하게 말하기 위해 사용해요.

011위

that

댙

1. 저것; 저 사람   2. 저

That's all. 그게 다야.
I know that girl. 나는 저 소녀를 알아.

> ✅ that은 멀리 있는 사물이나 사람을 가리킬 때 써요.

012위

for

포르

1. ~을 위한   2. ~ 동안

This book is for kids. 이 책은 아이들을 위한 거야.
for ten years 10년 동안

> ✅ for the party 파티를 위해 / for a day 하루 동안

013위 □□□

you

유

1. 너는; 너를　2. 너희는; 너희를

You're so beautiful. 너는 정말 아름다워.

Are you students? 너희는 학생이니?

> ✅ you는 단수(너)와 복수(너희) 그리고 문장에서 주어와 목적어
> 로 다르게 쓰일 때도 형태가 같아요. You love me. 너는 나
> 를 사랑해. / I love you. 나는 너를 사랑해.

014위 □□□

he

히

3 4 years old

그는, 그가

He is so cute. 그는 정말 귀여워.

How old is he? 그는 몇 살이니?

> ✅ he는 3인칭 단수 남성을 가리키며, 문장에서 주어로 쓰여요.

015위 □□□

with

위드

1. ~와 함께　2. ~(으)로, ~을 써서

I'm in love with Susie. 나는 수지와 사랑하는 사이야.

with a knife 칼로

> ✅ with my mother 엄마와 함께 / with a pen 펜으로

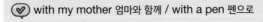

016위 ☐☐☐

on
온

1. (위치) ~위에   2. (시간) ~에

He kissed me on the cheek. 그는 내 뺨에 키스했어.

on Friday 금요일에

 on은 시간을 나타낼 때 요일이나 날짜 앞에 써요.
on July 1st 7월 1일에

017위 ☐☐☐

do
두

do-did-done

하다

Do your homework. 숙제 해.

What do you do? 무슨 일 하세요?

 What do you do?에서 앞에 쓰인 do는 의문문에 쓰여 조동사 역할을 하는 do로 해석하지 않아요. 뒤에 있는 do는 동사로 '하다'의 뜻이에요.

018위 ☐☐☐

say
쎄이

say-said-said

미안,
잘생겨서
...

말하다

He said, "I'm sorry." 그는 '미안해.'라고 말했어.

You can say that again. 네 말이 정말 맞아.

 You can say that again.은 직역하면 '너는 그걸 다시 말할 수 있어.'로 상대방의 말에 동의할 때 써요.

this

디쓰

1. 이것; 이 사람   2. 이

This is my friend, Michael.

이쪽은 내 친구 마이클이야.

Look at this pen. 이 펜 좀 봐.

 this는 가까이 있는 사물이나 사람을 가리킬 때 써요.

they

데이

1. 그들은   2. 그것들은

They are my friends. 그들은 내 친구들이야.

They are beautiful. 그것들은 아름다워.

 they는 3인칭 복수로 사람이나 사물을 가리키며, 문장에서 주어로 쓰여요.

Checkup

우리말 뜻을 보고 영어 단어를 써넣으세요.

☐ 01. 창문을 닫아.   Close _____ window.

☐ 02. 그녀는 집에 있어.   She _____ at home.

☐ 03. 너와 나   you _____ I

☐ 04. 세상의 끝   the end _____ the world

☐ 05. 2016년에   _____ 2016

☐ 06. 나는 학교에 다녀.   I go _____ school.

☐ 07. 나는 휴대폰이 있어.   I _____ a cellphone.

☐ 08. 추워.   _____ is cold.

☐ 09. 그게 다야.   _____ is all.

☐ 10. 10년 동안   _____ ten years

☐ 11. 나는 수지와 사랑하는 사이야. I'm in love _____ Susie.

☐ 12. 금요일에   _____ Friday

☐ 13. 무슨 일 하세요?   What do you _____?

☐ 14. 네 말이 정말 맞아.   You can _____ that again.

☐ 15. 그것들은 아름다워.   _____ are beautiful.

Answers

01. the   02. is   03. and   04. of   05. in   06. to   07. have   08. It   09. That
10. for   11. with   12. on   13. do   14. say   15. They

DAY 02

미국인 사용빈도
021위 - 040위

at
앹

1. (장소) ~에서　2. (시간) ~에

at the bus stop 버스 정류장에서
I get up at six. 나는 6시에 일어나.

 전치사 at은 하나의 점처럼 느껴지는 비교적 좁은 장소나 구체적인 시각 앞에 써요. at home 집에 / at 5:30 5시 30분에

but
벝

그러나, ~ (이)지만

It is sunny but cold. 날씨가 화창하지만 추워.
He is handsome but dumb.
그는 잘생겼지만 멍청해.

 접속사 but은 서로 반대되거나 대조되는 단어나 문장을 연결해요.

we
위

우리는

We are the champions. 우리는 챔피언이야.
Where are we? 여기가 어디지?

 we는 1인칭 복수로 사람을 가리키며, 문장에서 주어로 쓰여요.

his
히즈

1. 그의   2. 그의 것

Where is his book? 그의 책은 어디에 있니?
His is on the sofa. 그의 것은 소파 위에 있어.

> his는 he(그는, 그가)의 소유격으로 명사 앞에서 그 명사가 누구의 것인지를 나타내요.

from
프럼

~에서, ~로부터

from head to toe 머리에서 발끝까지
Where are you from? 어디에서 오셨어요?

> 전치사 from은 '출발지'를 나타내요. 도착지를 나타내는 to와 같이 쓰이기도 해요.
> from LA to New York LA에서 뉴욕까지

not
낱

~않다, ~가 아니다

I do not eat meat. 나는 고기를 먹지 않아.
I cannot swim. 나는 수영을 못해.

> 부정문을 만들 때 일반 동사는 do와 does 다음에, be동사와 조동사(can, will, must 등)는 동사 바로 다음에 not을 붙여 표현해요.

027위

by

바이

1. ~옆에 2. ~(으)로, ~에 의해서

Stand by me. 내 옆에 서 있어.
I go to Busan by KTX. 나는 KTX로 부산에 가.

> ❤ by the window 창문 옆에 / by email 이메일로

028위

she

쉬

그녀는, 그녀가

She likes apples. 그녀는 사과를 좋아해.
Isn't she lovely? 그녀가 사랑스럽지 않니?

> ❤ she는 3인칭 단수 여성을 가리키며, 문장에서 주어로 쓰여요.

029위

or

오어ㄹ

1. 또는, 혹은 2. 그렇지 않으면

Answer yes or no. 예 또는 아니오라고 답해.
Stop that, or I'll tell Mom.
그만해. 그렇지 않으면 엄마한테 이를 거야.

> ❤ or는 접속사로 앞에 제시된 내용 이외의 선택 사항을 덧붙일
> 때 써요. 명령문 다음에 쓰면 '그렇지 않으면'의 뜻이에요.

as

애즈

1. ~만큼   2. ~ 때문에

He is as tall as Seo. 그는 서 씨만큼 키가 커.
As it was dark, I went home. 어두워져서, 집에 갔다.

 as는 2개의 대상을 비교(~만큼)할 때 또는 이유(~ 때문에)를 나타낼 때 써요.

what

왙

1. 무엇   2. 무슨

What did you say? 뭐라고 했니?
What time is it? 몇 시야?

 what은 의문사로 사물에 대해 물을 때 써요. 명사 앞에 쓰이면 '무슨'의 뜻이에요. What is this? 이게 뭐야? / What book did you read? 무슨 책을 읽었니?

go

고우

go-went-gone

1. 가다   2. 진행되다

Let's go swimming. 수영하러 가자.
How's it going? 어떻게 지내?

 <go+동사-ing>는 '~하러 가다'의 뜻이에요.
go shopping 쇼핑하러 가다, go camping 캠핑하러 가다

033위 □□□

their

데어ㄹ

그들의, 그것들의

They washed their faces.
그들은 그들의 얼굴을 씻었어.

It was their problem. 그것은 그들의 문제였어.

 their는 they(그들은, 그것들은)의 소유격이에요.

 034위 □□□

can

캔

1. ~할 수 있다 2. ~해도 좋다

Can I smoke? 담배 펴도 돼?

You can walk there. 거기 걸어가도 돼.

 can은 능력(~할 수 있다)과 허가(~해도 좋다)를 뜻하는 조동사예요. 조동사는 동사 앞에 쓰여 동사에 다양한 의미를 더해주는 역할을 해요. 조동사 다음에는 항상 동사원형을 써요.

035위 □□□

who

후

1. 누구, 누가 2. 누구를 (= whom)

Who is it? 누구세요?

Who did you see? 누구를 봤니?

의문사 who는 사람에 대해 물을 때 써요. '누구를'의 뜻으로는 원래 whom을 써야 맞지만, 요즘은 whom 대신 who를 쓰는 경우가 많아요.

get
겔

get-got-gotten

1. 구하다   2. 가져다주다

He got a new job. 그는 새 일을 구했어.

Get me some water. 물 좀 갖다 줘.

> 동사 get의 기본 이미지는 '(없던 것이) 생기다'예요. 그래서 주로 무언가 새로운 것이 생길 때(구하다, 사다, 받다, 가져다 주다 등) 써요.

if
이프

1. 만약 ~라면   2. ~인지 아닌지

You can go if you like. 네가 좋다면 가도 돼.

I don't know if he's single. 그가 미혼인지 모르겠어.

would
우드

1. ~할 것이다
2. (Would you) ~해 주시겠습니까?

He would love me forever.

그는 나를 영원히 사랑할 거야.

Would you spell your name?

이름 철자 좀 불러주시겠어요?

> would는 조동사 will의 과거형으로 '(과거에) ~할 것이다'의 뜻으로 써요. 과거가 아니라 현재의 추측(~일 것이다)를 나타내기도 해요.

039위

her

허

1. 그녀를, 그녀에게   2. 그녀의

I met her yesterday. 나는 어제 그녀를 만났어.
Her name is Susie. 그녀의 이름은 수지야.

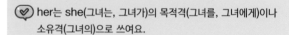 her는 she(그녀는, 그녀가)의 목적격(그녀를, 그녀에게)이나 소유격(그녀의)으로 쓰여요.

 040위

all

올

1. 모든   2. 모든 것, 전부

all the money 그 모든 돈
This is all I have. 이게 내가 가진 전부야.

all은 the, this, that 또는 소유격(my, his, her 등)보다 앞에 써요. all the time 항상, all my heart 진심으로

 # Checkup

우리말 뜻을 보고 영어 단어를 써넣으세요.

☐ 01. 나는 6시에 일어나.　　I get up _____ six.

☐ 02. 날씨가 화창하지만 추워.　　It's sunny _____ cold.

☐ 03. 여기가 어디지?　　Where are _____?

☐ 04. 그의 것은 소파 위에 있어.　　_____ is on the sofa.

☐ 05. 머리에서 발끝까지　　_____ head to toe

☐ 06. 내 옆에 서 있어.　　Stand _____ me.

☐ 07. 예 또는 아니오라고 답해.　　Answer yes _____ no.

☐ 08. 몇 시야?　　_____ time is it?

☐ 09. 어떻게 지내?　　How's it _____?

☐ 10. 그것은 그들의 문제였어.　　It was _____ problem.

☐ 11. 담배 펴도 돼?　　_____ I smoke?

☐ 12. 누구를 봤니?　　_____ did you see?

☐ 13. 물 좀 갖다 줘.　　_____ me some water.

☐ 14. 네가 좋다면 가도 돼.　　You can go _____ you like.

☐ 15. 이게 내가 가진 전부야.　　This is _____ I have.

Answers

01. at　02. but　03. we　04. His　05. from　06. by　07. or　08. What
09. going　10. their　11. Can　12. Who　13. Get　14. if　15. all

DAY 03

미국인 사용빈도 041위 - 060위

my
마이

나의
This is my book. 이것은 내 책이야.
My name is Bill. 내 이름은 빌이야.

> my는 I(나는, 내가)의 소유격이에요.

make
메이크
make-made-made

1. 만들다　2. 만들어주다
She made a cake for me.
그녀는 나를 위해 케이크를 만들었어.
She made me a cake.
그녀는 내게 케이크를 만들어줬어.

> make는 노력을 통해 무언가 새로운 것을 만들어낼 때 써요.
> make a dress 옷을 만들다, make coffee 커피를 타다

about
어바웉

1. ~에 대한, ~에 관한　2. 약, 대략
Let's think about the problem.
그 문제에 대해 생각해 보자.
about two days ago 이틀 전쯤

> about Spain 스페인에 관한 / about $10 약 10달러

know

노우
know-knew-known

알다

I don't know. 모르겠어.
I knew it. 그럴 줄 알았어.

will

윌

1. ~할 것이다   2. (Will you) ~하시겠어요?

I will do my best. 최선을 다할 거야.
Will you marry me? 나랑 결혼해 줄래?

> will은 조동사로 미래의 일이나 주어의 의지를 표현해요.

up

업

1. 위로   2. 모두, 완전히

Put your hands up. 손들어.
Time's up. 시간이 다 됐어.

> up은 '모두, 완전히'의 뜻으로 쓰여서 동사의 의미를 강조하는 역할을 해요. eat up 모두 먹다, finish up 완전히 끝내다

047위

one
원

하나, 한 개, 한 사람
One more, please. 하나 더 주세요.
Which one? – This one. 어느 거요? – 이거요.

048위

time
타임

1. 시간, 때   2. 회, 번
It's time to go. 갈 시간이야.
about four times 네 번 정도

> ✅ <It's time to+동사>는 '~할 시간이야'란 뜻으로 써요.
> It's time to get up. 일어날 시간이야.

049위

there
데어ㄹ

1. 거기에   2. ~가 있다
Put the box there. 상자를 거기 내려놔.
There is a man at the door. 문에 어떤 남자가 있어.

> ✅ <There is/are+명사>는 '~가 있다'라는 뜻으로 이때 there
> 는 해석하지 않아요. be동사 뒤에 오는 명사가 문장의 주어이
> 기 때문에 명사가 단수면 is, 복수면 are를 써요. There are
> coins under the bed. 침대 아래 동전이 있어.

050위

year
이어ㄹ

1. 나이; 해, 년 2. 학년

I'm thirty years old. 나는 서른 살이야.
I'm in my second year. 나는 2학년이야.

> 나이를 말할 때 <be+숫자+years old>를 써요. 이때 year를 복수(years)로 써야한다는 점에 주의하세요.

 051위

so
쏘우

1. 매우, 몹시 2. 그렇게

I'm so glad. 나는 매우 기뻐.
I hope so. 그러길 바라.

 052위

think
띵ㅋ
think-thought-thought

생각하다

What do you think? 어떻게 생각해?
We thought her rich.
우리는 그녀가 부자라고 생각했어.

> '어떻게 생각해?'를 How do you think?라 쓰지 않아요. 생각하는 '방법(how)'을 묻는 것이 아니라 무엇을 생각하는지 '내용(what)'을 묻는 것이기 때문이죠.

when
웬

1. 언제 2. ~할 때

When is your birthday? 생일이 언제니?
When Harry met Sally 해리가 샐리를 만났을 때

 when은 의문사로는 '언제', 접속사로는 '~할 때'로 쓰여요.

which
위취

1. 어느, 어느 쪽의 2. 어느 것

Which one? 어느 것?
Which do you like better, math or English?
너는 수학과 영어 중 어느 것을 더 좋아하니?

 which는 what과 뜻이 같지만, 주로 몇 가지 선택 사항 중에서 원하는 것을 물을 때 써요.

them
뎀

1. 그들을, 그들에게 2. 그것들을

I bought them some chocolates.
나는 그들에게 초콜릿을 사줬어.
I love them. 나는 그것들을 정말 좋아해.

 them은 they의 목적격으로 쓰여요.
they(그들은, 그것들은) - their(그들의, 그것들의)

056위

some
썸

1. 약간의, 조금의　2. 약간, 조금

Put some salt. 소금을 조금 넣어.
Do you want some? 좀 먹을래?

 some은 대개 긍정문과 다른 사람에게 무언가를 권유하는 의문문에 써요.

 057위

me
미

나를, 나에게

Do you love me? 나를 사랑해?
Who is it? – It's me. 누구세요? – 나야.

 me는 I의 목적격으로 쓰여요. I(나는, 내가) - my(나의)

058위

people
피플

1. 사람들　2. 국민

many people 많은 사람들
of the people, by the people, for the people
국민의, 국민에 의한, 국민을 위한

people은 person(사람)의 복수형이에요.

take

테이크

take-took-taken

1. 가져가다, 데려가다   2. 복용하다

Can you take Susie home?
수지를 집에 데려다 줄래?

Take this medicine. 이 약을 먹어.

> ✅ 약을 먹을 때는 eat나 have를 쓰지 않고 take를 써요.

out

아웉

1. 밖에, 밖으로   2. 외출하여

She ran out. 그녀는 밖으로 달렸다.

He is out now. 그는 지금 외출 중이야.

 **Checkup**

우리말 뜻을 보고 영어 단어를 써넣으세요.

☐ 01. 그녀는 내게 케이크를 만들어줬어.　She _____ a cake for me.

☐ 02. 이틀 전쯤　_____ two days ago

☐ 03. 그럴 줄 알았어.　I _____ it.

☐ 04. 최선을 다할 거야.　I _____ do my best.

☐ 05. 시간이 다 됐어.　Time's _____.

☐ 06. 어느 거요?　Which _____?

☐ 07. 갈 시간이야.　It's _____ to go.

☐ 08. 상자를 거기 내려놔.　Put the box _____.

☐ 09. 그러길 바라.　I hope _____.

☐ 10. 어떻게 생각해?　What do you _____?

☐ 11. 생일이 언제니?　_____ is your birthday?

☐ 12. 좀 먹을래?　Do you want _____?

☐ 13. 많은 사람들　many _____

☐ 14. 이 약을 먹어.　_____ this medicine.

☐ 15. 그는 지금 외출 중이야.　He is _____ now.

Answers

01. made　02. about　03. knew　04. will　05. up　06. one　07. time　08. there
09. so　10. think　11. When　12. some　13. people　14. Take　15. out

DAY 04

미국인 사용빈도
061위 – 080위

061위

into
인투

1. ~의 안으로   2. ~로 바뀌어

Put the book into the box. 책을 상자 안에 넣어.
Water turns into ice. 물은 얼음으로 변한다.

 062위

just
줘스트

1. 방금, 막   2. 단지, 그냥

I just finished my homework.
나는 방금 숙제를 끝냈어.
I just called to say hello. 그냥 안부 전화했어.

 063위

see
씨-
see-saw-seen

1. 보다   2. 이해하다

We saw the movie together.
우리는 그 영화를 함께 봤어.
Oh, I see. 응, 알겠어.

064위

him
힘

그를, 그에게

I met him in the library. 나는 도서관에서 그를 만났어.
She played tennis with him.
그녀는 그와 테니스를 쳤어.

☑️ him은 he의 목적격이에요. he(그는, 그가) - his(그의)

your

유어

너의, 너희들의

What's your name? 이름이 뭐야?
I need your help. 너의 도움이 필요해.

 your는 you(너는, 너희는)의 소유격이에요.

come

컴

come-came-come

오다

I'm coming. 지금 가.
She came to me. 그녀가 내게 왔어.

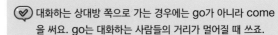 대화하는 상대방 쪽으로 가는 경우에는 go가 아니라 come 을 써요. go는 대화하는 사람들의 거리가 멀어질 때 쓰죠.

could

쿠드

1. ~할 수 있었다
2. (Could you) ~해 주실래요?

I couldn't find the book. 나는 그 책을 찾을 수 없었어.
Could you open the door? 문 좀 열어 주실래요?

could는 조동사 can의 과거형이에요.

068위

now
나우

1. 지금, 이제　2. 자, 그럼
Do it right now. 지금 당장 해.
Now, listen carefully. 자, 주의해서 들어.

 069위

than
댄

~보다

He is taller than me. 그가 나보다 키가 더 커.
Light travels faster than sound.
빛은 소리보다 빠르다.

> 두 대상을 비교할 때 '~보다 더 ...한'의 뜻으로 <비교급 +than>을 써요.

070위

like
라이크

1. 좋아하다　2. ~처럼

I don't like onions. 나는 양파를 좋아하지 않아.
He eats like a pig. 그는 돼지처럼 먹어.

> like이 전치사로 쓰이면 '~처럼'의 뜻이에요.
> like children 아이들처럼, like heaven 천국처럼

other

어더

1. 다른, 그 밖의　2. 다른 사람[것]

There is no other way. 다른 방법이 없어.
One is green, and the other is red.
하나는 녹색이고, 다른 하나는 빨간색이야.

 <one ..., the other ~>는 '하나는 ..., 다른 하나는 ~'의 뜻
으로 두 가지를 비교할 때 써요.

how

하우

1. 어떻게　2. 얼마나

How do you spell your name?
이름을 어떻게 쓰나요?
How much is it? 얼마예요?

 how much는 가격을 묻고 싶을 때 써요.
how many 얼마나 많은, how long 얼마나 오래,
how often 얼마나 자주, how far 얼마나 멀리

then

덴

1. 그때　2. 그러고 나서

I lived in Busan then. 나는 그때 부산에 살았어.
We watched a movie and then had dinner.
우리는 영화를 보고 나서 저녁을 먹었어.

its

잇츠

그것의

The hotel has its pool. 그 호텔은 수영장이 있어.

I have a puppy, and its name is Snoopy.

강아지를 키우는데, 그것의 이름은 스누피야.

 its는 it(그것)의 소유격이에요. it is의 축약형 it's와 헷갈리기 쉬우니 주의하세요.

our

아우어

우리의

We changed our plans. 우리는 계획을 변경했어.

This is our daughter. 이 아이가 우리 딸이야.

 our는 we의 소유격이에요. we(우리는, 우리가) - us(우리를)

076위

more

모어

1. 더 많은   2. 더 많은 수[양]

No more excuses. 더 이상 변명하지 마.

Would you like some more? 좀 더 드실래요?

077위 □□□

these

디-ㅈ

1. 이것들, 이 사람들   2. 이

These are on sale. 이것들은 할인 중입니다.
These days I'm happy. 요즘 나는 행복해.

> ✔️ these는 this의 복수형이에요. 명사의 복수형 앞에서는 this
> 가 아니라 반드시 these를 써야 해요. this book 이 책 /
> these books 이 책들

078위 □□□

want

원트

원하다

I want some chocolate. 초콜릿 좀 줘.
What do you want? 무엇을 원하니?

079위 □□□

way

웨이

1. 길; 방법   2. 방향, 쪽

I don't know the way. 나는 길[방법]을 모르겠어.
The restroom is this way. 화장실은 이쪽이에요.

080위 □□□

look

룩

1. 보다   2. ~처럼 보이다

What are you looking at? 뭘 보고 있니?
He looks young. 그는 젊어 보여.

> ✔️ look 다음에 형용사가 오면 '~처럼 보이다'의 뜻이에요.
> look nice 멋져 보이다, look tired 피곤해 보이다

 # Checkup

우리말 뜻을 보고 영어 단어를 써넣으세요.

☐ 01. 물은 얼음으로 변한다.   Water turns _____ ice.

☐ 02. 그냥 안부 전화했어.   I _____ called to say hello.

☐ 03. 우리는 그 영화를 함께 봤어.   We _____ the movie together.

☐ 04. 너의 도움이 필요해.   I need _____ help.

☐ 05. 지금 가.   I'm _____ .

☐ 06. 문 좀 열어 주실래요?   _____ you open the door?

☐ 07. 지금 당장 해.   Do it right _____ .

☐ 08. 그는 나보다 키가 더 커.   He is taller _____ me.

☐ 09. 그는 돼지처럼 먹어.   He eats _____ a pig.

☐ 10. 다른 방법이 없어.   There is no _____ way.

☐ 11. 나는 그때 부산에 살았어.   I lived in Busan _____ .

☐ 12. 더 이상 변명하지 마.   No _____ excuses.

☐ 13. 요즘 나는 행복해.   _____ days I'm happy.

☐ 14. 무엇을 원하니?   What do you _____ ?

☐ 15. 그는 젊어 보여.   He _____ young.

Answers

01. into   02. just   03. saw   04. your   05. coming   06. Could   07. now   08. than
09. like   10. other   11. then   12. more   13. These   14. want   15. looks

DAY 05

미국인 사용빈도
081위 - 100위

081위 ☐☐☐

first
퓌ㄹ스트

1. 첫째   2. 첫째로

It's April first. 4월 1일이야.
He came first in the race.
그는 경주에서 일등으로 들어왔어.

 first는 '순서'를 나타낼 때 써요. first 첫째, second 두 번째, third 세 번째, fourth 네 번째, fifth 다섯 번째

 082위 ☐☐☐

also
올-써우

또한, 역시

I can also speak French.
나는 프랑스어도 말할 수 있어.
I know Jack. I also know his brother.
나는 잭을 알고, 그의 형도 알아.

 also는 비슷한 뜻을 가진 too가 주로 문장 끝에 쓰이는 것과 달리 be동사나 조동사 뒤, 일반 동사 앞에 와요.

 083위 ☐☐☐

new
뉴-

1. 새, 새로운   2. 익숙하지 않은

look for a new job. 새로운 직장을 구하다
I'm new to the job. 나는 그 일에 익숙하지 않아.

because
비카-즈

~ 때문에

because I got up late 늦게 일어났기 때문에
because of the rain 비 때문에

> '이유'를 표현할 때 because는 접속사로, because of는
> 전치사로 쓰여요.

day
데이

1. 하루, 날   2. 낮

What day is it today? 오늘 무슨 요일이야?
It was hot during the day. 낮 동안에 더웠어.

use
유-즈

쓰다, 사용하다

Can I use your phone? 전화 좀 써도 될까?
Don't use a lot of water. 물을 많이 쓰지 마.

no
노우

1. 하나도 ~없는   2. ~ 금지

I have no money with me. 나는 돈이 하나도 없어.
No parking 주차 금지

> no는 '명사' 앞, not은 '형용사' 앞에 주로 써요.
> no food 음식이 없는 / not big 크지 않은

088위

man
맨

남자

Come on, be a man! 제발 남자답게 행동해!
He's a family man. 그는 가정적인 남자야.

> man의 복수형은 men이에요. one man 한 남자 / two men 두 남자

089위

find
파인ㄷ
find-found-found

1. 찾다 2. 알다, 깨닫다

I can't find my keys. 열쇠를 못 찾겠어.
I found English interesting.
나는 영어가 재미있다는 것을 알았어.

090위

here
히어ㄹ

여기서, 여기로

What are you doing here? 여기서 뭐해?
I'm over here. 나 여기 있어.

091위

thing
띵

1. 사물, 물건 2. 일

Children like sweet things. 아이들은 단 것을 좋아해.
You did the right thing. 너는 옳은 일을 했어.

give
기ㅂ
give-gave-given

1. 주다   2. 그만두다(up)
Give me a kiss. 내게 키스해줘.
I gave up smoking. 나는 담배를 끊었어.

> 🗨 <give ... a hug> ~을 안아주다, <give ... a call> ~에게
> 전화하다, <give ... a ride> ~을 태워주다

many
메니

많은
Did you take many photos? 사진 많이 찍었어?
for many years 여러 해 동안

> 🗨 many는 셀 수 있는 명사의 복수형 앞에 써요.
> many cars 많은 차들, many friends 많은 친구들

well
웰

1. 잘   2. 건강한
Did you sleep well? 잘 잤어?
I don't feel well today. 오늘 몸이 안 좋아.

> 🗨 well은 부사로는 '잘', 형용사로는 '건강한'의 뜻이에요.

only
오운리

1. 겨우, 불과   2. 유일한

I have only ten dollars. 나는 10달러 밖에 없어.
He is an only child. 그는 외아들이야.

those
도우즈

1. 저것들, 저 사람들   2. 저

Those are my brothers. 저들은 내 형제들이야.
I don't know those women. 나는 저 여자들을 몰라.

> those는 that의 복수형이에요. 명사의 복수형 앞에서는 that
> 이 아니라 반드시 those를 써야 해요. that man 저 남자 /
> those men 저 남자들

tell
텔
tell-told-told

1. 말하다   2. ~하라고 말하다

Tell me about your trip. 여행 얘기 좀 해 줘.
Mother told me to clean my room.
엄마는 내게 방을 치우라고 하셨어.

> '말하다'의 뜻으로 tell 다음에는 말을 전하는 대상이, say 다
> 음에는 말한 내용이 바로 와요. tell him something 그에게
> 무언가를 말하다. / say something 무언가를 말하다

very
붸리

1. 매우, 무척   2. 바로 그

I'm not very hungry. 나는 별로 배가 고프지 않아.
That is the very house. 저 집이 바로 그 집이야.

even

이븐

~조차, ~마저

It is cold even in summer. 여름인데도 추워.
He likes even the food. 그는 그 음식조차도 좋아해.

back

백

1. 등   2. (이전의 상태로) 다시

My back itches. 등이 가려워.
I'll be back soon. 곧 다시 돌아올게.

 **Checkup**

우리말 뜻을 보고 영어 단어를 써넣으세요.

☐ 01. 4월 1일이야.   It's April _____ .

☐ 02. 나는 프랑스어도 말할 수 있어.   I can _____ speak French.

☐ 03. 새로운 직장을 구하다   look for a _____ job

☐ 04. 비 때문에   _____ of the rain

☐ 05. 오늘 무슨 요일이야?   What _____ is it today?

☐ 06. 전화 좀 써도 될까?   Can I _____ your phone?

☐ 07. 그는 가정적인 남자야.   He's a family _____ .

☐ 08. 열쇠를 못 찾겠어.   I can't _____ my keys.

☐ 09. 나 여기 있어.   I'm over _____ .

☐ 10. 너는 옳은 일을 했어.   You did the right _____ .

☐ 11. 내게 키스해줘.   _____ me a kiss.

☐ 12. 그는 외아들이야.   He is an _____ child.

☐ 13. 여행 얘기 좀 해 줘.   _____ me about your trip.

☐ 14. 여름인데도 추워.   It is cold _____ in summer.

☐ 15. 등이 가려워.   My _____ itches.

Answers

01. first   02. also   03. new   04. because   05. day   06. use   07. man   08. find
09. here   10. thing   11. Give   12. only   13. Tell   14. even   15. back

DAY 06

미국인 사용빈도 101위 – 120위

101위 any

102위 good

103위 woman

104위 through

105위 us

106위 life

107위 child

108위 work

109위 down

110위 may

111위 after

112위 should

113위 call

114위 world

115위 over

116위 school

117위 still

118위 try

119위 last

120위 ask

any
에니

1. 어떤, 약간의   2. 어떤 ~라도

Do you have any questions? 질문 있어?
Any boy can sing that song.
어떤 소년이라도 그 노래를 부를 수 있어.

 any는 주로 부정문과 의문문에 써요. 긍정문에 쓰이면 '어떤 ~라도'의 뜻이에요.

good
굿

1. 좋은, 잘하는   2. 친절한, 착한

She is a good driver. 그녀는 운전을 잘해.
He is a good boy. 그는 착한 아이야.

woman
우먼

여자, 여성

a single woman 미혼 여성
Men and women are equal. 남녀는 동등하다.

 woman의 복수형은 women이에요. /우민/이 아니라 /위민/으로 발음하니 주의하세요.

104위

through

뜨루-

1. ~을 통과하여   2. ~내내

The train passed through a tunnel.

기차가 터널을 통과했다.

This store is open Monday through Friday.

이 가게는 월요일부터 금요일까지 열어.

 105위

us

어ㅆ

우리를, 우리에게

He took us to the park. 그는 우리를 공원에 데려갔어.

She taught us science.

그녀는 우리에게 과학을 가르쳤어.

> us는 we(우리는, 우리가)의 목적격이에요.

 106위

life

라이ㅍ

1. 인생, 일생   2. 생명, 목숨

He lived here all his life. 그는 평생 여기 살았어.

His life is in danger. 그의 생명이 위태로워.

 107위

child

촤일ㄷ

1. 어린이, 아이   2. 자식

He is a smart child. 그는 똑똑한 아이야.

How many children do you have? 아이가 몇이야?

> child의 복수형은 children /칠드런/이에요.

work

워-ㄹ크

1. 일하다　2. 작동하다

He works at a bank. 그는 은행에서 일해.

My computer doesn't work.
내 컴퓨터가 작동하지 않아.

down

다운

1. 아래로, 아래에　2. 낮아져

Is this elevator going down? 이 승강기 내려가나요?

Please slow down. 속도를 줄여줘.

may

메이

1. ~일지 모르다　2. ~해도 좋다

That may be true. 그건 사실일지 몰라.

You may go now. 이제 가도 좋아.

> '~해도 좋다'의 뜻으로 may 대신 can을 쓰는 경우도 많아요.

after

애프터ㄹ

~후에

after school 방과 후에

after I had dinner 저녁을 먹고 나서

112위 □□□

should
슈-ㄷ

~해야 하다

What should I do? 나는 무엇을 해야 하지?
You should work out. 너는 운동을 해야 해.

113위 □□□

call
콜

1. 전화하다 2. 부르다

I'll call you later. 나중에 전화할게요.
Did you call me? 나 불렀어?

114위 □□□

world
워-ㄹ얼드

세계, 세상

travel around the world 세계 일주하다
the world's tallest building 세계에서 가장 높은 빌딩

115위 □□□

over
오우붜ㄹ

1. 위에, 위로 2. ~ 이상인, 넘는

There is a bridge over the river.
강 위에 다리가 있어.
She is over twenty. 그녀는 스무 살이 넘었어.

116위 ─□□□

school
스쿠-울

1. 학교 2. 수업

I go to school by bus. 나는 버스를 타고 학교에 가.
School begins at nine o'clock.
수업은 아홉시에 시작해.

117위 ─□□□

still
스틸

1. 아직, 여전히 2. 움직이지 않는

Is it still raining? 아직 비가 오니?
Please stand still. 가만히 서 있어.

118위 ─□□□

try
트롸이

1. 노력하다, 애쓰다 2. ~해 보다

I tried my best. 나는 최선을 다했어.
Try some. 좀 먹어 봐.

> ♡ 좋은지, 알맞은지 등을 알아보려고 써 보거나, 해 볼 때 try를
> 써요.

119위 ─□□□

last
래스트

1. 마지막의, 최후의 2. 지난

This is the last chance. 이번이 마지막 기회야.
What did you do last night? 어젯밤에 뭐 했니?

ask
애스크

1. 묻다　2. 부탁하다, 요청하다

Can I ask you a question? 질문 하나 해도 될까?
He asked for help. 그는 도움을 요청했어.

Checkup

우리말 뜻을 보고 영어 단어를 써넣으세요.

☐ 01. 질문 있어?   Do you have _____ questions?

☐ 02. 그는 착한 아이야.   He is a _____ boy.

☐ 03. 미혼 여성   a single _____

☐ 04. 월요일부터 금요일까지   Monday _____ Friday

☐ 05. 그의 생명이 위태로워.   His _____ is in danger.

☐ 06. 아이가 몇이야?   How many _____ do you have?

☐ 07. 그는 은행에서 일해.   He _____ at a bank.

☐ 08. 속도를 줄여줘.   Please slow _____.

☐ 09. 그건 사실일지 몰라.   That _____ be true.

☐ 10. 내가 무엇을 해야 하지?   What _____ I do?

☐ 11. 나 불렀어?   Did you _____ me?

☐ 12. 아직 비가 오니?   Is it _____ raining?

☐ 13. 좀 먹어 봐.   _____ some.

☐ 14. 이번이 마지막 기회야.   This is the _____ chance.

☐ 15. 질문 하나 해도 될까?   Can I _____ you a question?

Answers

01. any   02. good   03. woman   04. through   05. life   06. children   07. works
08. down   09. may   10. should   11. call   12. still   13. Try   14. last   15. ask

DAY 07

미국인 사용빈도
121위 - 140위

need

니-ㄷ

1. 필요하다 2. 필요

Do you need any help? 도움이 필요하니?

There is no need to worry. 걱정할 필요 없어.

too

투-

1. 너무 2. 또한, 역시

The music is too loud. 음악 소리가 너무 커.

Nice to meet you, too. 저도 반가워요.

feel

퓌-일

feel-felt-felt

1. 느끼다 2. (촉감으로) 느끼다

How do you feel today? 오늘 기분이 어때?

This towel feels wet. 이 수건은 축축해.

> ✅ How do you feel today?는 상대방의 기분 외에 건강 상
> 태를 물을 때도 써요.

state

스테이트

1. 상태 2. 주(州)

The house was in a good state.

그 집은 상태가 좋았어.

the state of Texas 텍사스 주

> ✅ be in a good state 상태가 좋다 ↔ be in a bad state
> 상태가 안 좋다

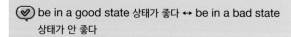

125위 ☐☐☐

never
네붜ㄹ

결코 ~않다

He never came back. 그는 결코 돌아오지 않았어.
Never mind. 신경 쓰지 마.

126위 ☐☐☐

become
비컴
become-became-
become

1. ~이 되다   2. 어울리다

They became good friends.
그들은 좋은 친구가 되었어.
Pink really becomes you. 분홍색이 정말 네게 어울려.

127위 ☐☐☐

between
비트윈-

~ 사이에

Don't eat between meals. 식사 사이에 먹지 마.
just between you and me
너와 나 사이에 하는 얘긴데

128위 ☐☐☐

high
하이

높은

The house has a high wall. 그 집은 담이 높아.
a high fever 높은 열

129위

really
뤼-얼리

매우, 정말

I'm really sorry. 정말 미안해.
Not really. 별로.

> ✅ 상대방의 말이 믿기지 않을 때 '정말?'이란 뜻으로 Really?를 써요.

 **130위**

something
썸띵

어떤 것, 어떤 일

Do something! 뭐 좀 해 봐!
Let's find something else. 다른 무언가를 찾아보자.

 131위

most
모우ㅅㅌ

1. 가장 많은   2. 대부분의

He has the most books. 그가 책이 가장 많아.
Most kids like pizza. 대부분의 아이들은 피자를 좋아해.

> ✅ many, much(많은) - more(더 많은) - most(가장 많은)

132위 □□□

another

어너더ㄹ

1. 또 다른 하나의   2. 다른

Give me another chance. 한 번 더 기회를 줘.
Come another day. 다른 날 와.

 원래 있던 것 외에 추가로 한 가지를 더 얘기할 때 another를
써요.

133위 □□□

much

머취

1. 많은   2. 많이

He has much money. 그는 돈이 많아.
She worries too much. 그녀는 걱정을 너무 많이 해.

 much는 셀 수 없는 명사 앞에 써요.
much time 많은 시간, much work 많은 일

134위 □□□

family

풰멀리

가족, 가정

a family name 성(姓)
There are five in my family. 우리 가족은 5명이야.

 My family is five.는 어색한 표현이에요.

135위 □□□

own

오운

1. 자기 자신의   2. 소유하다

She has her own shop. 그녀는 자신의 가게가 있어.
I don't own a car. 나는 차가 없어.

👍 own은 소유격 뒤에서 소유의 뜻을 강조해요.

leave

리-ㅂ

leave-left-left

1. 떠나다 2. 두고 오다

I leave home at 8. 나는 8시에 집을 떠나.

I left my keys in the car.
나는 차 안에 열쇠를 두고 왔어.

put

풋

put-put-put

1. 놓다, 두다 2. 쓰다, 적다

Where did you put the newspaper?
신문을 어디에 뒀니?

Put your name here. 여기에 이름을 적으세요.

old

오울드

1. 나이 든, 늙은 2. 오래된, 낡은

an old dog 늙은 개

This dress is very old. 이 옷은 너무 낡았어.

while

와일

1. ~하는 동안 2. 잠시, 잠깐

while I was taking a shower 샤워하는 동안에

for a while 잠깐 동안

mean

미-인

mean-meant-meant

1. 의미하다   2. 의도하다

What do you mean? 무슨 의미야?

I didn't mean to hurt you. 상처 줄 생각은 아니었어.

> ✅ <I didn't mean to+동사>는 '~하려고 한 건 아냐'란 뜻으로 써요. I didn't mean to be late. 늦게 오려 했던 건 아냐.

 **Checkup**

우리말 뜻을 보고 영어 단어를 써넣으세요.

☐ 01. 도움이 필요하니?   Do you _____ any help?

☐ 02. 오늘 기분이 어때?   How do you _____ today?

☐ 03. 신경 쓰지 마.   _____ mind.

☐ 04. 그들은 좋은 친구가 되었어.   They _____ good friends.

☐ 05. 식사 사이에 먹지 마.   Don't eat _____ meals.

☐ 06. 별로.   Not _____.

☐ 07. 그가 책이 가장 많아.   He has the _____ books.

☐ 08. 다른 날 와.   Come _____ day.

☐ 09. 그는 돈이 많아.   He has _____ money.

☐ 10. 그녀는 자신의 가게가 있어.   She has her _____ shop.

☐ 11. 8시에 집에서 나가.   I _____ home at 8.

☐ 12. 여기에 이름을 적으세요.   _____ your name here.

☐ 13. 이 옷은 너무 낡았어.   This dress is very _____.

☐ 14. 잠깐 동안   for a _____

☐ 15. 무슨 의미야?   What do you _____?

Answers

01. need   02. feel   03. Never   04. became   05. between   06. really   07. most
08. another   09. much   10. own   11. leave   12. Put   13. old   14. while   15. mean

DAY 08

미국인 사용빈도
141위 - 160위

141위

keep

키-입

keep-kept-kept

1. 보관하다　2. 유지하다

I kept her letters for years.

나는 수년 동안 그녀의 편지를 보관했어.

Keep your hands clean. 손을 깨끗하게 유지해.

142위

student

스튜-든ㅌ

학생

He is a student at Harvard University.

그는 하버드대 학생이야.

They are medical students. 그들은 의대생이야.

143위

why

와이

1. 왜　2. 이유

Why didn't you call me? 왜 내게 전화 안 했니?

I don't know why she's so angry.

그녀가 화를 내는 이유를 모르겠어.

144위

let

렡

let-let-let

1. 허락하다　2. (Let's) ~하자

Please let me in. 나를 들여보내줘.

Let's go to the movies. 영화 보러 가자.

 let's는 let us의 축약형으로 다음에 동사 원형을 써요.

great
그뤠잍

1. 큰, 커다란 2. 위대한

His death was great shock.

그의 죽음은 커다란 충격이었어.

Every mother is great. 모든 어머니는 위대해.

same
쎄임

같은

I bought the same skirt. 나는 같은 스커트를 샀어.

Merry Christmas! – Same to you!

메리 크리스마스! – 너도.

big
빅

1. 큰, 커다란 2. (중요도가) 큰, 심각한

He's a big man. 그는 덩치가 큰 남자야.

We have a big problem. 우리는 심각한 문제가 있어.

group
그루-웁

1. 무리 2. 무리 지어 모이다

Students stood in groups.

학생들이 무리를 지어 서 있었어.

Group together in threes. 세 명씩 모여.

begin

비긴

begin-began-begun

시작하다

Shall we begin? 시작할까?

A child began to cry. 아이가 울기 시작했어.

seem

씨-임

~인 것 같다

She seems happy. 그녀는 행복해 보여.

It seems like a good idea. 좋은 생각 같아.

> ✅ seem 다음에는 형용사, seem like 다음에는 명사를 써요.
> seem strange 이상해 보이다 / seem like a nice man
> 좋은 남자처럼 보이다

country

컨트리

1. 나라 2. 시골

travel around European countries
유럽 나라들을 여행하다

I was brought up in the country.
나는 시골에서 자랐어.

help

헬프

1. 돕다 2. 도움이 되다

Can I help you? 도와드릴까요?

An ice pack would help. 얼음찜질이 도움이 될 거야.

talk

토-ㅋ

1. 대화하다   2. 대화

Don't talk so loud. 너무 크게 말하지 마.

We had a long talk about our future.

우리는 미래에 대해 오랜 대화를 나눴어.

where

웨어ㄹ

1. 어디   2. 곳

Where are you going? 어디 가?

Sit where I can see you. 내가 볼 수 있는 곳에 앉아.

turn

터-ㄹ언

돌리다, 회전하다

Turn the handle to the right.

손잡이를 오른쪽으로 돌려.

Turn left at the traffic light.

신호등에서 왼쪽으로 꺾어.

problem

프롸블럼

1. (다루기 힘든) 문제   2. (시험 등의) 문제

What's the problem? 문제가 뭐야?

I can't solve this problem.

나는 이 문제를 풀 수가 없어.

every
에브뤼

모든

Not every person is happy.
모든 사람들이 행복한 것은 아니야.
I work out every day. 나는 매일 운동해.

 every는 '모든'의 뜻이지만, 개별적인 것을 강조하기 때문에 뒤에 단수 명사, 단수 동사를 써요.

start
스타-르트

1. 시작하다   2. 출발하다

When does the movie start? 영화는 언제 시작해?
We should start early. 우리는 일찍 출발해야 해.

hand
핸드

1. 손   2. 도움

I write with my left hand. 나는 왼손으로 써.
Do you need a hand? 도움이 필요하니?

 우리말에도 '도움의 손길'이란 말이 있는 것처럼 hand가 '도움'이란 뜻으로 쓰여요.

might

마이트

~일지 모른다

He might be dead. 그는 아마도 죽었을 거야.

The machine might not work.

그 기계가 작동하지 않을 수 있어.

> might는 may의 과거형이지만, 현재의 가능성을 나타낼 때
> 도 쓸 수 있어요.

 **Checkup**

우리말 뜻을 보고 영어 단어를 써넣으세요.

☐ 01. 나는 그녀의 편지를 보관했어.   I _____ her letters.

☐ 02. 그들은 의대생이야.   They are medical _____.

☐ 03. 왜 내게 전화 안 했니?   _____ didn't you call me?

☐ 04. 나를 들여보내줘.   Please _____ me in.

☐ 05. 모든 어머니는 위대해.   Every mother is _____.

☐ 06. 나는 같은 스커트를 샀어.   I bought the _____ skirt.

☐ 07. 시작할까?   Shall we _____?

☐ 08. 그녀는 행복해 보여.   She _____ happy.

☐ 09. 시골에서   in the _____

☐ 10. 너무 크게 말하지 마.   Don't _____ so loud.

☐ 11. 어디 가?   _____ are you going?

☐ 12. 손잡이를 오른쪽으로 돌려.   _____ the handle to the right.

☐ 13. 문제가 뭐야?   What's the _____?

☐ 14. 나는 매일 운동해.   I work out _____ day.

☐ 15. 도움이 필요하니?   Do you need a _____?

Answers

01. kept   02. students   03. Why   04. let   05. great   06. same   07. begin
08. seems   09. country   10. talk   11. Where   12. Turn   13. problem   14. every
15. hand

DAY 09

미국인 사용빈도
161위 – 180위

161위

American
어메뤼컨

1. 미국의, 미국인의 2. 미국인
American English 미국식 영어
She married an American.
그녀는 미국인과 결혼했어.

162위

show
쇼우

1. 보여주다 2. 쇼, 프로그램
She showed me her photo.
그녀는 내게 사진을 보여줬어.
I like quiz shows. 나는 퀴즈 프로그램을 좋아해.

> ✅ 미국인들은 프로그램(program) 대신 show를 자주 써요.
> talk show 토크 프로그램

163위

part
파-르트

1. 부분 2. 부품
the best part of the movie 영화의 가장 좋은 부분
automobile parts 자동차 부품

164위

against
어겐스트

1. ~에 반대하는 2. ~에 대항하여
I'm against the plan. 나는 그 계획에 반대해.
a victory against Japan 일본 대항 승리

> '~에 찬성하는'의 뜻으로는 for를 써요.
> for the plan 계획에 찬성하는

place
플레이쓰

1. 곳, 장소　2. 두다, 놓다
I know the place well. 나는 그곳을 잘 알아.
I placed the book on the sofa.
나는 소파 위에 그 책을 뒀어.

166위

such
써취

1. 그런　2. 대단한
There's no such person. 그런 사람 없어요.
She is such a beauty. 그녀는 대단한 미녀야.

 such는 관사 a/an 앞에 써요.
대단한 바보 a such fool (X) / such a fool (O)

167위

again
어겐

다시
I tried again and again. 나는 되풀이해서 노력했어.
Could you say that again? 다시 말씀해 주실래요?

168위

few
퓨

1. 거의 없는　2. (a few) 약간 있는
He has few friends. 그는 친구가 거의 없어.
He has a few friends. 그는 친구가 좀 있어.

 few 다음에는 반드시 셀 수 있는 명사의 복수형을 써야 해요.
few friend (X)

case

케이쓰

1. 경우　2. 사건

What would you do in this case?

이런 경우라면 무엇을 하겠니?

a murder case 살인 사건

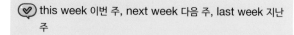

week

위-ㅋ

1. 일주일　2. 주중

See you next week. 다음 주에 보자.

I have no free time during the week.

주중에는 한가한 시간이 없어.

> ✅ this week 이번 주, next week 다음 주, last week 지난 주

company

컴퍼니

1. 회사　2. 동행

He is running a small company.

그는 작은 회사를 운영해.

I enjoyed your company. 동행 즐거웠어요.

system

씨스텀

체계, 제도

a public transportation system 대중교통체계

an educational system 교육제도

173위 ☐☐☐

each
이-취

매, 각각의

each week 매주
Answer each question. 각각의 문제에 답하세요.

174위 ☐☐☐

right
롸이트

1. 옳은   2. 오른쪽의

You did the right thing. 넌 옳은 일을 했어.
Take a right turn here. 여기서 오른쪽으로 돌아.

175위 ☐☐☐

program
프뤄우그램

프로그램

What's your favorite TV program?
좋아하는 TV 프로그램이 뭐니?
delete a program 프로그램을 삭제하다

176위 ☐☐☐

hear
히어
hear-heard-heard

듣다

Can you hear me? 내 말 들려?
Please hear me out. 내 말 끝까지 들어 줘.

> ✅ hear의 과거와 과거분사 heard는 /히어르드/가 아니라 /허-르드/로 발음해요.

question

크웨스쳔

1. 질문 2. 문제

Can I ask you a question? 질문해도 될까요?
political questions 정치 문제

> ✅ a good question 좋은 질문, a tricky question 어려운
> 질문, a personal question 개인적인 질문

178위

during

듀링

~ 동안

during the night 밤중에
during the war 전쟁 중에

> ✅ during은 구체적인 기간을 알 수 없는 명사 앞에, for는 숫자
> 를 포함한 구체적인 기간을 나타내는 명사 앞에 써요. during
> the summer 여름 동안 / for 10 years 10년 동안

179위

play

플레이

1. 놀다, 하다 2. 연주하다

play computer games 컴퓨터 게임을 하다
She plays the piano well. 그녀는 피아노를 잘 연주해.

> ✅ play 다음에 '악기 이름'이 올 때는 대체로 the를 쓰지만 생략
> 하기도 해요. '운동 이름'이 올 때는 관사를 쓰지 않아요. play
> (the) violin / play soccer 축구하다

government 정부

거번먼ㅌ

the government 정부
democratic government 민주정부

 # Checkup

우리말 뜻을 보고 영어 단어를 써넣으세요.

☐ 01. 그녀는 미국인과 결혼했어.　　She married an _____.

☐ 02. 그녀는 내게 사진을 보여줬어.　She _____ me her photo.

☐ 03. 자동차 부품　　　　　　　　automobile _____

☐ 04. 나는 그 계획에 반대해.　　　I'm _____ the plan.

☐ 05. 나는 그곳을 잘 알아.　　　　I know the _____ well.

☐ 06. 그런 사람 없어요.　　　　　There's no _____ person.

☐ 07. 그는 친구가 거의 없어.　　　He has _____ friends.

☐ 08. 살인 사건　　　　　　　　　a murder _____

☐ 09. 동행 즐거웠어요.　　　　　I enjoyed your _____.

☐ 10. 각각의 문제에 답하세요.　　Answer _____ question.

☐ 11. 오른쪽으로 돌아.　　　　　Take a _____ turn.

☐ 12. 내 말 들려?　　　　　　　Can you _____ me?

☐ 13. 정치 문제　　　　　　　　political _____

☐ 14. 전쟁 중에　　　　　　　　_____ the war

☐ 15. 민주 정부　　　　　　　　democratic _____

Answers

01. American　02. showed　03. parts　04. against　05. place　06. such
07. few　08. case　09. company　10. each　11. right　12. hear　13. questions
14. during　15. government

DAY 10

미국인 사용빈도 181위 – 200위

181위 run
182위 small
183위 number
184위 off
185위 always
186위 move
187위 night
188위 live
189위 Mr
180위 point

191위 believe
192위 hold
193위 today
194위 bring
195위 happen
196위 next
197위 without
198위 large
199위 million
200위 must

181위

run

뤈

run-ran-run

1. 달리다 2. 운영하다

I ran down the stairs. 나는 계단을 뛰어 내려갔어.

He runs a hotel. 그는 호텔을 운영해.

 182위

small

스모-올

1. 작은 2. 사소한

This T-shirt is too small. 이 셔츠는 너무 작아.

There's a small problem. 사소한 문제가 있어.

 183위

number

넘버ㄹ

번호

count the number 숫자를 세다

What's your phone number? 전화번호가 뭐니?

> a lucky number 행운의 숫자, an even number 짝수,
> an odd number 홀수

 184위

off

오프

1. 떨어진 2. 할인되어

Take your coat off. 코트 벗어.

The pants are 20 percent off.
바지가 20% 세일 중이야.

always
올웨이ㅈ

항상, 언제나
I'll always love you. 항상 널 사랑할거야.
I always get up at 7. 항상 7시에 일어나.

> ✅ always는 빈도를 나타내는 부사로 be동사와 조동사 뒤, 일반 동사 앞에 위치해요.

move
무-ㅂ

1. 움직이다   2. 이사하다
Don't move. 움직이지 마.
I'll move out tomorrow. 내일 이사할 거야.

night
나잍

밤
Good night. Sweet dreams. 잘 자. 좋은 꿈 꿔.
He studies day and night. 그는 밤낮으로 공부해.

> ✅ last night 어젯밤, tomorrow night 내일 밤, Friday night 금요일 밤

live
리ㅂ

1. 살다   2. /라이브/ 살아있는, 생생한
Where do you live? 어디 살아?
a live broadcast 생방송

Mr

미스터ㄹ

씨, 님

Mr. and Mrs. Brown 브라운 부부

Mr. Right 이상형

 Mr. Big 거물, Mr. Nice Guy 좋은 남자, Mr. Clean 청렴한 정치인

point

포인트

1. 점, 소수점   2. 요점

three point two five 3.25

What's your point? 요점이 뭐야?

believe

벌리-ㅂ

믿다

I believe in God. 나는 하나님을 믿어

Believe it or not, it's true. 믿기 힘들겠지만, 사실이야.

 believe it or not은 믿기 어려운 놀라운 일이지만 사실이라고 할 때 써요.

hold

호울ㄷ

hold-held-held

1. 잡고 [들고] 있다   2. 열다, 개최하다

Can you hold my bag? 내 가방 좀 들고 있어 줄래?

hold a meeting 회의를 열다

 손으로 잡고 가만히 있는 경우에는 hold, 들고 다니는 경우에는 carry를 써요.

today

터데이

1. 오늘   2. 오늘날

It's warm today. 오늘 덥다.

young people today 오늘날 젊은이들

bring

브링

bring-brought-brought

1. 가져오다   2. 데려오다

Bring me a glass of water. 물 한잔 갖다 줘

What brings you here? 여긴 어쩐 일이야?

> What brings you here?는 '무엇이 너를 여기로 데리고 왔니?'인데, 어떤 곳에 오게 된 이유를 물을 때 써요.

happen

해픈

생기다, 발생하다

Something strange happened. 이상한 일이 생겼어.

What happened? 무슨 일 있어?

> What happened?는 상대방에게 좋거나 또는 안 좋은 일이 있어 보일 때 써요.

next
넥스트

1. 다음의   2. 옆의

Who's next? 다음은 어느 분이죠?
She lives next door. 그녀는 옆집에 살아.

without
위다웉

~ 없이

I can't live without you. 너 없이는 살 수 없어.
without saying goodbye 작별 인사 없이

large
라-르쥐

큰, 커다란

a large house 큰 집
large, medium, small 큰, 중간의, 작은

million
밀리언

백만

two and a half million 250만
millions of friends 수백만의 친구들

> ✅ 구체적인 숫자 다음에는 단수 million, '수백만'처럼 막연한
> 숫자를 말할 때는 복수 millions를 써요.

must

머스트

1. ~해야 한다 2. ~임에 틀림없다

You must study hard. 너는 열심히 일해야 해.

He must be tired. 그는 피곤한 게 틀림없어.

 '~해야 한다'란 뜻의 must는 선택의 여지없이 꼭 하지 않으면 안 되는 경우에 써요.

Checkup

우리말 뜻을 보고 영어 단어를 써넣으세요.

☐ 01. 그는 호텔을 운영해.　　　He _____ a hotel.

☐ 02. 사소한 문제가 있어.　　　There's a _____ problem.

☐ 03. 코트 벗어.　　　Take your coat _____.

☐ 04. 항상 7시에 일어나.　　　I _____ get up at 7.

☐ 05. 내일 이사할 거야.　　　I'll _____ out tomorrow.

☐ 06. 잘 자.　　　Good _____.

☐ 07. 어디 살아?　　　Where do you _____?

☐ 08. 요점이 뭐야?　　　What's your _____?

☐ 09. 나는 하나님을 믿어.　　　I _____ in God.

☐ 10. 오늘날 젊은이들　　　young people _____

☐ 11. 여기는 어쩐 일이야?　　　What _____ you here?

☐ 12. 무슨 일 있어?　　　What _____?

☐ 13. 그녀는 옆집에 살아.　　　She lives _____ door.

☐ 14. 너 없이는 살 수 없어.　　　I can't live _____ you.

☐ 15. 수백만의 친구들　　　_____ of friends

Answers

01. runs　02. small　03. off　04. always　05. move　06. night　07. live　08. point
09. believe　10. today　11. brings　12. happened　13. next　14. without
15. millions

DAY
11

미국인 사용빈도
201위 - 220위

201위 home
202위 under
203위 water
204위 room
205위 write
206위 mother
207위 area
208위 national
209위 money
210위 story

211위 young
212위 fact
213위 month
214위 different
215위 lot
216위 study
217위 book
218위 eye
219위 job
220위 word

home

호움

1. 집   2. 국내

I stayed at home all day. 나는 종일 집에 머물렀어.
home market 국내시장

> home은 단순히 물리적인 건물로서의 '집'이 아니라 '가족과 함께 지내는 곳'을 뜻해요.

under

언더ㄹ

1. 아래에   2. ~ 미만의

I put the box under the table.
나는 탁자 아래 상자를 두었어.
She weighs under 40 kilograms.
그녀는 몸무게가 40kg 미만이야.

water

워-터ㄹ

1. 물   2. 물주다

tap water 수돗물
Did you water the flowers? 꽃에 물을 줬니?

204위

room
룸

1. 방 2. 공간

My house has four rooms. 내 집은 방이 4개야.
There is no room for sofa. 소파를 둘 공간이 없어.

 room이 '공간'의 뜻으로 쓰일 때는 셀 수 없는 명사이기 때문에 단수(a room)나 복수(rooms)로 쓸 수 없어요.

205위

write
롸이트
write-wrote-written

쓰다

He wrote about wildlife. 그는 야생에 관해 썼어.
Who wrote *The Little Mermaid*?
누가 '인어공주'를 썼니?

206위

mother
마더ㄹ

1. 어머니 2. 어미

a stepmother 새어머니
a mother cat 어미 고양이

 207위

area
에어뤼어

1. 지역 2. 분야

a famous area for wine 포도주로 유명한 지역
in the area of IT industry IT 산업 분야

national
내셔늘

국가의

a national holiday in Korea 한국의 국경일
a national park 국립공원

money
머니

돈

He made a lot of money. 그는 돈을 많이 벌어.
Money talks. 돈이 말을 한다. (돈이면 다 된다.)

 money는 셀 수 없는 명사예요.
많은 돈 many moneys (X) / much money (O)

story
스토뤼

이야기

a bedtime story 잠잘 때 들려주는 동화
It's a long story. 얘기하자면 길어.

211위

young
영

1. 젊은   2. 역사가 짧은

the young 젊은이들
a young company 신생회사

 the young은 young people과 같은 뜻이에요.

fact
팩트

사실

In fact, I'm Korean. 사실, 난 한국인이야.
fact check 사실 확인

month
먼뜨

달, 월

once a month 한 달에 한 번
this month 이번 달

> ✅ next month 다음 달, last month 지난달, at the start[end] of the month 월초[말]에

different
디프뤈트

1. 다른   2. 다양한

You look different today. 너 오늘 달라 보여.
different types of bag 다양한 종류의 가방

lot
라-ㅌ

1. 많은(a lot of)   2. 아주, 매우(a lot)

She eats a lot of fruit. 그녀는 과일을 많이 먹어.
Thanks a lot. 정말 고마워.

> a lot of는 셀 수 있는 명사나 셀 수 있는 명사 앞에 모두 쓸 수 있어요.

study
스터디

1. 공부하다   2. 연구

I'll study hard tomorrow.
나는 내일 열심히 공부 할 거야.
a study on birds 새에 관한 연구

book
북

1. 책   2. 예약하다

Open your books to page 30. 책 30쪽을 펴.
I booked a table for two.
나는 두 사람 자리를 예약했어.

eye
아이

눈

an eye patch 안대
I can't take my eyes off her.
그녀에게서 눈을 뗄 수가 없어.

job
촵

1. 직장　2. 일

She got a job. 그녀는 직장을 구했어.
Good job! 잘했어!

> ✅ 상대방에게 칭찬할 때 '잘했어!'의 뜻으로 Good job!, Well
> done!, Nice going! 등을 써요.

word
워-ㄹ드

1. 단어　2. 말, 얘기

Look up the word. 단어를 찾아.
Don't say a word. 아무 말도 하지 마.

 **Checkup**

우리말 뜻을 보고 영어 단어를 써넣으세요.

☐ 01. 나는 집에 머물렀어. I stayed at _____.

☐ 02. 40kg 미만 _____ 40 kilograms

☐ 03. 소파를 둘 공간이 없어. There is no _____ for sofa.

☐ 04. 그는 야생에 관해 썼어. He _____ about wildlife.

☐ 05. IT 산업 분야 in the _____ of IT industry

☐ 06. 국립공원 a _____ park

☐ 07. 얘기하자면 길어. It's a long _____.

☐ 08. 사실, 난 한국인이야. In _____, I'm Korean.

☐ 09. 한 달에 한 번 once a _____

☐ 10. 너 오늘 달라 보여. You look _____ today.

☐ 11. 정말 고마워. Thanks a _____.

☐ 12. 나는 열심히 공부 할 거야. I'll _____ hard.

☐ 13. 나는 두 사람 자리를 예약했어. I _____ a table for two.

☐ 14. 그녀는 직장을 구했어. She got a _____.

☐ 15. 아무 말도 하지 마. Don't say a _____.

Answers

01. home   02. under   03. room   04. wrote   05. area   06. national   07. story
08. fact   09. month   10. different   11. lot   12. study   13. booked   14. job
15. word

DAY 12

□□□

though

도우

1. 비록 ~이긴 하지만　2. 그래도

though it was very cold 비록 추웠지만
English is interesting, though.
그래도 영어는 재미있어.

222위 □□□

business

비즈너쓰

사업

We do business with China.
우리는 중국과 거래를 해.
He is away on business. 그는 출장 중이야.

223위 □□□

issue

이슈-

1. 쟁점, 문제　2. 호

a big issue in Korea 한국에서 큰 쟁점
the September issue 9월호

224위 □□□

side

싸이ㄷ

1. 쪽　2. 면

the south side of town 마을의 남쪽
Look on the bright side of life. 삶의 밝은 면을 봐.

225위 ☐☐☐

kind
카인드

1. 친절한   2. 종류
That's very kind of you. 정말 친절하시네요.
31 kind of ice cream 31가지 종류의 아이스크림

226위 ☐☐☐

head
헤드

1. 머리   2. 책임자
from head to foot 머리부터 발끝까지
the head coach 수석코치

227위 ☐☐☐

far
퐈-르

1. 먼   2. 훨씬
It's too far to walk. 걷기에는 너무 멀어.
Your computer is far better. 네 컴퓨터가 훨씬 좋아.

💚 far가 비교급을 수식하면 '훨씬'이란 뜻이에요.

228위 ☐☐☐

black
블랙

1. 검은   2. 암울한
She has black hair. 그녀는 검은 머리야.
The future looks black. 미래가 암울해 보여.

long

롱

1. (길이) 긴　2. (시간) 오랜

She has long hair. 그녀는 머리가 길어.
Long time no see. 오랜만이야.

> 💬 Long time no see.는 미국에 정착한 초기 중국인 이민자
> 들이 쓰던 어색한 표현이었지만, 지금은 누구나 사용하는 관용
> 표현이 되었어요.

both

보우ㄸ

둘 다(의)

Both of us were tired. 우리 둘은 피곤했어.
He is both a writer and an actor.
그는 작가이자 배우야.

little

리틀

1. (크기) 작은　2. (나이) 어린

a cute little puppy 귀여운 작은 강아지
My little brother is sick. 내 동생이 아파.

house

하우ㅈ

1. 집　2. 식당

a three-bedroom house 침실이 3개인 집
It's on the house. 무료예요.

> 💬 식당에서 무료로 음식을 제공하는 경우에 '서비스(service)'
> 란 말 대신 on the house를 써요. 식당(the house)에서
> 부담(on)한다는 뜻이죠.

yes
예쓰

네, 응, 그래

Yes, please. 네, 그래 주세요.

Well, yes and no. 글쎄, 그렇기도 하고 아니기도 해.

> 💬 yes and no는 질문에 대해 분명한 대답을 할 수 없을 때 써요. Are you happy with your job? 네 일에 만족하니?
> - Yes and no. 그렇기도 하고 아니기도 해.

since
씬쓰

~이후로 쭉

I have lived here since 2009.

2009년부터 여기서 살고 있어.

Since when? - Since yesterday.

언제부터? - 어제부터.

provide
프뤄봐이드

제공하다

They provide us with food.

그들은 우리에게 음식을 제공해.

Food will be provided. 음식이 제공될 거야.

service
써버쓰

서비스, 봉사

after-sales service 애프터서비스

a service charge 봉사료

> 💬 after service라고 하면 원어민들은 못 알아들으니 주의하세요.

around

어라운드

1. 주변에 있는   2. 약, 쯤

He lives around here. 그는 이 근처에 살아.
He'll be back around two o'clock.
그는 2시쯤 돌아올 거야.

238위 ⬜⬜⬜

friend

프렌드

친구

a close friend 친한 친구
She's a friend of a friend. 그녀는 친구의 친구야

> ✅ an old friend 오랜 친구, a school friend 학교 친구,
>   a childhood friend 소꿉친구

239위 ⬜⬜⬜

important

임포-ㄹ턴트

중요한

an important meeting 중요한 회의
Love is more important than money.
사랑은 돈보다 중요하다.

240위 ⬜⬜⬜

father

파-더ㄹ

1. 아버지   2. 신부

Like father, like son. 부전자전
Father, forgive me. 신부님, 절 용서해 주세요.

> ✅ father는 '아버지', dad와 daddy는 '아빠'에 가까워요.
>   daddy는 주로 어린아이들이 써요.

 # Checkup

우리말 뜻을 보고 영어 단어를 써넣으세요.

☐ 01. 그래도 영어는 재미있어.　　English is interesting, _____.

☐ 02. 그는 출장 중이야.　　He is away on _____.

☐ 03. 삶의 밝은 면을 봐.　　Look on the bright _____ of life.

☐ 04. 정말 친절하시군요.　　That's very _____ of you.

☐ 05. 걷기에는 너무 멀어.　　It's too _____ to walk.

☐ 06. 미래가 암울해 보여.　　The future looks _____.

☐ 07. 오랜만이야.　　_____ time no see.

☐ 08. 우리 둘은 피곤했어.　　_____ of us were tired.

☐ 09. 귀여운 작은 강아지　　a cute _____ puppy

☐ 10. 무료예요.　　It's on the _____.

☐ 11. 언제부터?　　_____ when?

☐ 12. 음식이 제공될 거야.　　Food will be _____.

☐ 13. 봉사료　　a _____ charge

☐ 14. 그는 이 근처에 살아.　　He lives _____ here.

☐ 15. 중요한 회의　　an _____ meeting

Answers

01. though　02. business　03. side　04. kind　05. far　06. black　07. Long
08. Both　09. little　10. house　11. Since　12. provided　13. service　14. around
15. important

DAY 13

미국인 사용빈도
241위 – 260위

241위 sit

242위 away

243위 until

244위 power

245위 hour

246위 game

247위 often

248위 yet

249위 line

250위 political

251위 end

252위 among

253위 ever

254위 stand

255위 bad

256위 lose

257위 however

258위 member

259위 pay

260위 law

241위 □□□

sit

씯

sit-sat-sat

앉다

I sat at the desk. 나는 책상에 앉았어.
Can I sit here? 여기 앉아도 돼?

242위 □□□

away

어웨이

떨어져

Go away! 꺼져!
She's away from her desk. 그녀는 자리에 없어요.

243위 □□□

until

언틸

~까지

I have classes until 3 p.m.
나는 오후 3시까지 수업이 있어.
Let's wait until the rain stops.
비가 그칠 때까지 기다리자.

> ✅ until과 같은 뜻으로 till을 쓰기도 해요.

244위 □□□

power

파우어ㄹ

1. 힘   2. 권력

Knowledge is power. 아는 것이 힘이다.
absolute power 절대 권력

241위-260위 | 107

hour
아우어ㄹ

시간

half an hour 30분
business hours 영업시간

 hour의 h는 발음되지 않아요. 그래서 관사도 모음 앞에 쓰는 an을 쓰죠.

game
게임

1. 게임 2. 경기

play a computer game 컴퓨터 게임을 하다
a basketball game against Japan
일본 대항 농구경기

 play a game 경기를 하다, see/watch a game 경기를 관람하다, win[lose] a game 경기를 이기다[지다]

often
아-풘

자주, 종종

How often do you see her?
얼마나 자주 그녀를 만나니?
I work out very often. 나는 운동을 아주 자주해.

 always 항상, usually 대개, often 자주, sometimes 가끔, never 결코 ~않다

yet

엘

1. 아직   2. 이제, 지금

Are you ready? - Not yet. 준비됐어? - 아직 아냐.
Are my socks dry yet? 이제 양말 말랐어?

line

라인

1. 선, 줄   2. 전화선

starting line 출발선
The line is busy. 통화 중이야.

 busy는 '바쁜'이란 뜻이에요. '전화선이 바쁜 것'에서 '통화 중'이란 의미가 된 것이죠.

political

폴리티컬

정치의

a political leader 정치 지도자
a political system 정치 제도

end

엔드

1. 끝, 말   2. 끝나다

at the end of this month 이번 달 말에
The war ended in 1953. 그 전쟁은 1953년에 끝났어.

among
어멍

~ 사이에서

She is popular among her friends.
그녀는 친구들 사이에서 인기가 많아.
among the crowd 군중 사이에서

ever
에붜ㄹ

어느 때고, 언제든

Have you ever been to Paris? 파리에 가본 적 있어?
I'll never ever forget that. 그걸 결코 잊지 못할 거야.

 never ever는 '결코 ~아니다'라는 강한 부정을 뜻해요. 이때
ever는 never를 강조하는 역할을 하죠.

stand
스탠ㄷ
stand-stood-stood

1. 서다　2. 참다

I stood still. 나는 가만히 서 있었어.
I can't stand it. 나는 그걸 참을 수 없어.

bad
배ㄷ

1. 나쁜　2. 잘 못하는

Smoking is bad. 흡연은 나쁘다.
He is bad at math. 그는 수학을 잘 못해.

 be bad at ~을 잘 못하다 ↔ be good at ~을 잘하다 /
She is good at English. 그녀는 영어를 잘 해.

256위
lose
루-ㅈ
lose-lost-lost

1. 잃어버리다 2. (길을) 잃다

I lost my bag. 나는 가방을 잃어버렸어.
I lost my way. 나는 길을 잃었어.

257위
however
하우에붜ㄹ

하지만

This is, however, not my fault.
이것은 하지만 내 잘못이 아니야.
However, I don't believe him.
하지만 그를 못 믿겠어.

258위
member
멤버ㄹ

멤버, 회원

She is a member of our team.
그녀는 우리 팀 멤버야.
members only 회원제

259위
pay
페이
pay-paid-paid

지불하다

I'll pay for lunch. 점심값은 내가 낼게.
I'll pay in cash. 현금으로 계산할게요.

260위 ☐☐☐

law

로-

1. 법 2. 법칙

a law school 법대
a law of nature 자연의 법칙

 # Checkup

우리말 뜻을 보고 영어 단어를 써넣으세요.

☐ 01. 나는 책상에 앉았어.   I _____ at the desk.

☐ 02. 꺼져!   Go _____ .

☐ 03. 오후 3시까지 수업이 있어.   I have classes _____ 3 p.m.

☐ 04. 30분   half an _____

☐ 05. 나는 운동을 아주 자주해.   I work out very _____ .

☐ 06. 아직 아냐.   Not _____ .

☐ 07. 통화중이야.   The _____ is busy.

☐ 08. 정치 제도   a _____ system

☐ 09. 이번 달 말에   at the _____ of this month

☐ 10. 군중 사이에서   _____ the crowd

☐ 11. 그걸 결코 잊지 못할 거야.   I'll never _____ forget that.

☐ 12. 나는 가만히 서 있었어.   I _____ still.

☐ 13. 그는 수학을 잘 못해.   He is _____ at math.

☐ 14. 나는 가방을 잃어버렸어.   I _____ my bag.

☐ 15. 현금으로 계산할게요.   I'll _____ in cash.

Answers

01. sat   02. away   03. until   04. hour   05. often   06. yet   07. line   08. political
09. end   10. among   11. ever   12. stood   13. bad   14. lost   15. pay

DAY 14

미국인 사용빈도
261위 – 280위

meet

미-트

meet-met-met

만나다

I met Susie on the bus. 나는 버스에서 수지를 만났어.
Nice to meet you. 만나서 반가워요.

> ✅ Nice to meet you.는 처음 만나는 사람에게만 써요. 아는
> 사람을 다시 만났을 때는 Nice to see you again.(다시 만
> 나서 반가워요.)을 쓰죠.

car

카-ㄹ

자동차

park a car 자동차를 주차하다
a car accident 교통사고

city

씨티

도시, 시

New York City 뉴욕시
capital city 수도

almost

올-모우스트

거의

I almost died. 나 죽을 뻔했어.
Are you finished? – Almost. 끝났어? – 거의.

include

인클루-ㄷ

포함하다, 넣다

The tax is included. 세금은 포함되어 있어.

He included me in the list. 그는 나를 명단에 넣었어.

266위

continue

컨티뉴

계속되다

to be continued 이어서 계속

Hot weather continued. 더운 날씨가 계속되었어.

267위

set

쎝

set-set-set

1. (기기를) 맞추다   2. (해*달이) 지다

set the alarm for 7 a.m. 아침 7시로 알람을 맞추다

The sun sets early in the winter.

겨울에는 해가 일찍 져.

268위

later

레이터ㄹ

나중에, 후에

See you later. 나중에 보자.

three years later 3년 후에

269위

community

커뮤-너티

1. 지역사회   2. 공동체

a community center 주민 회관
Internet community 인터넷 커뮤니티

270위

name

네임

1. 이름   2. ~라 이름을 짓다.

What's your name? 이름이 뭐니?
He named his daughter Bonny.
그는 딸 이름을 보니라 지었어.

271위

once

원쓰

1. 한 번   2. 한 때

once a week 일주일에 한 번
I once lived in Jeju. 나는 한 때 제주에 살았어.

> ✅ once a day 하루에 한 번, once a month 한 달에 한 번

272위

white

와이트

1. 흰색; 흰   2. 백인; 백인의

a pure white 순수한 흰색
a black father and a white mother
흑인 아버지와 백인 어머니

least
리-스트

1. 가장 적은, 최소의   2. (at least) 적어도

She did the least work. 그녀는 일을 제일 적게 했어.

I read at least one book a month.
나는 적어도 한 달에 한 권의 책을 읽어.

> ✅ little 적은 – less 더 적은 – least 가장 적은

president
프뤠저던트

1. 대통령   2. 총재, 총장, 사장

President Lincoln 링컨 대통령
the president of a university 대학총장

learn
러-ㄹ언

배우다

I learned a lot about computers.
나는 컴퓨터에 대한 많은 것을 배웠어.

I'm learning to drive. 나는 운전을 배우는 중이야.

real
뤼얼

실제의

a real story 실화
her real name 그녀의 본명

277위 -☐☐☐
change
췌인쥐

1. 바꾸다, 변하다 2. 변화
I changed buses at Sinchon.
나는 신촌에서 버스를 갈아탔어.
climate change 기후변화

278위 -☐☐☐
team
티-임

팀, 단체
a design team 디자인팀
join a team 팀에 들어가다

279위 -☐☐☐
minute
미니트

1. 분 2. 잠깐
60 seconds in a minute 1분에 60초
Wait a minute. 잠깐 기다려.

280위 -☐☐☐
best
베스트

1. 최고의, 최상의 2. 가장, 제일
He's the best player. 그는 최고의 선수야.
I like English best. 나는 영어가 가장 좋아.

> 💚 good 좋은 - better 더 좋은 - best 가장 좋은

 **Checkup**

우리말 뜻을 보고 영어 단어를 써넣으세요.

☐ 01. 나는 수지를 만났어.   I _____ Susie.

☐ 02. 교통사고   a _____ accident

☐ 03. 나 죽을 뻔했어.   I _____ died.

☐ 04. 세금은 포함되어 있어.   The tax is _____.

☐ 05. 더운 날씨가 계속되었어.   Hot weather _____.

☐ 06. 아침 7시로 알람을 맞추다   _____ the alarm for 7 a.m.

☐ 07. 그는 딸 이름을 보니라 지었어. He _____ his daughter Bonny.

☐ 08. 일주일에 한 번   _____ a week

☐ 09. 그녀는 일을 제일 적게 했어. She did the _____ work.

☐ 10. 대학총장   the _____ of a university

☐ 11. 나는 운전을 배우는 중이야. I'm _____ to drive.

☐ 12. 그녀의 본명   her _____ name

☐ 13. 기후변화   climate _____

☐ 14. 1분에 60초   60 seconds in a _____

☐ 15. 나는 영어가 제일 좋아.   I like English _____.

Answers

01. met   02. car   03. almost   04. included   05. continued   06. set   07. named
08. once   09. least   10. president   11. learning   12. real   13. change   14. minute
15. best

DAY 15

미국인 사용빈도
281위 - 300위

281위 **several**

282위 **idea**

283위 **kid**

284위 **body**

285위 **information**

286위 **nothing**

287위 **ago**

288위 **lead**

289위 **social**

290위 **understand**

291위 **whether**

292위 **watch**

293위 **together**

294위 **follow**

295위 **parent**

296위 **stop**

297위 **face**

298위 **anything**

299위 **create**

300위 **public**

several

쎄버럴

몇몇의

several people 몇몇 사람들
several times 몇 번

idea

아이디어

1. 아이디어, 발상 2. 생각

I have an idea. 내게 아이디어가 있어.
I have no idea. 나는 모르겠어.

kid

키드

1. 아이 2. 놀리다

He's a smart kid. 그는 똑똑한 아이야
You're kidding me! 너 나 놀리는 거지!

 You're kidding me!는 상대방의 말이 믿기지 않을 때 써요.

body

바-디

1. 몸, 신체 2. 시체

the human body 인체
Police found the body. 경찰이 시체를 발견했어.

information
인풔메이션

정보

information technology 정보기술
information desk 안내소

nothing
나띵

아무것도 ~ 없음

He said nothing. 그는 아무 말도 하지 않았어.
There's nothing wrong with the car.
차에는 아무 문제가 없어.

ago
어고우

(지금부터) 전에

They got married two years ago.
그들은 2년 전에 결혼했어.

a long time ago 오래전에

> ✅ ago는 현재를 기준으로 과거에 일어난 일을 나타낼 때 써요.
> 항상 구체적인 시간 표현과 함께 쓰죠.

lead
리-ㄷ
lead-led-led

1. 안내하다, 이끌다 2. (도로가) ~에 이르다

She led me into the garden.
그녀는 나를 정원으로 안내했어.

All roads lead to Rome. 모든 길은 로마로 통해.

289위
social
쏘우셜

사회의
social class 사회 계급
social problem 사회 문제

290위
understand
언더스탠드
understand-
understood-understood

이해하다
Do you understand? 이해하겠니?
Nobody understands me. 아무도 날 이해 못 해.

291위
whether
웨더ㄹ

~인 지 아닌 지
I asked him whether he is married.
나는 그에게 결혼했는지 물었어.
I don't know whether he'll come.
그가 올지 모르겠어.

292위
watch
와취

보다
I like watching TV. 나는 TV 보는 걸 좋아 해.
Watch your step. 발 밑 조심해.

> ✅ watch는 주로 무언가를 의식적으로 오래 지켜볼 때 써요.

293위 ☐☐☐

together

터게더ㄹ

1. 함께   2. 모두

They live together. 그들은 함께 살아.
Add the numbers together. 숫자를 모두 더해.

294위 ☐☐☐

follow

팔-로우

1. 따라가다   2. (충고나 지시) 따르다

Please follow me. 절 따라 오세요.
follow the doctor's advice 의사의 조언을 따르다

295위 ☐☐☐

parent

페어뤈트

부모

I met my girlfriend's parents.
나는 여자 친구의 부모님을 만났어.
a single parent 편부모

296위 ☐☐☐

stop

스타-압

1. 그만하다   2. 정류장

Stop it! You're hurting me. 그만해! 아파.
I'm getting off at the next stop.
다음 정류장에서 내릴 거야.

face

페이쓰

1. 얼굴   2. 직면하다

She has a pretty face. 그녀는 얼굴이 예뻐.

She is facing a crisis. 그녀는 위기에 직면해 있어.

anything

에니띵

1. 아무것   2. 무엇이든

I don't know anything about it.

나는 그것에 대해 아무것도 몰라.

I'll do anything for you. 널 위해 무엇이든 할게.

create

크뤼에이트

창조하다

God created the world. 신은 세상을 창조했다.

The universe was created by the Big Bang.

우주는 빅뱅으로 만들어졌다.

public

퍼블릭

공공의

public opinion 공공의 의견(여론)

public education 공교육

 public school 공립학교, public library 공공도서관,
public transportation 대중교통

 **Checkup**

우리말 뜻을 보고 영어 단어를 써넣으세요.

☐ 01. 몇몇 사람들 _____ people

☐ 02. 모르겠어. I have no _____.

☐ 03. 나 놀리는 거지! You're _____ me!

☐ 04. 정보기술 _____ technology

☐ 05. 그는 아무 말도 하지 않았어. He said _____.

☐ 06. 오래전에 a long time _____

☐ 07. 사회 문제 _____ problem

☐ 08. 이해하겠니? Do you _____?

☐ 09. 그가 올지 모르겠어. I don't know _____ he'll come.

☐ 10. 발 밑 조심해. _____ your step.

☐ 11. 그들은 함께 살아. They live _____.

☐ 12. 절 따라 오세요. Please _____ me.

☐ 13. 그녀는 위기에 직면해 있어. She is _____ a crisis.

☐ 14. 신은 세상을 창조했다. God _____ the world.

☐ 15. 공교육 _____ education

Answers

01. several　02. idea　03. kidding　04. information　05. nothing　06. ago
07. social　08. understand　09. whether　10. Watch　11. together　12. follow
13. facing　14. created　15. public

DAY 16

미국인 사용빈도
301위 - 320위

already

올-뤠디

이미, 벌써

He already knows. 그는 이미 알아.

It's already dark outside. 벌써 밖이 어두워.

speak

스피-ㅋ

speak-spoke-spoken

말하다

Speaking. (전화) 말씀하세요.

I spoke to him about the matter.

나는 그 문제를 그에게 말했어.

read

뤼-ㄷ

read-read-read

1. 읽다　2. 판독하다

I read about the accident.

나는 그 사고에 관해 읽었어.

Can you read a map? 지도 볼 줄 아니?

 read의 과거와 과거분사는 /뤠ㄷ/라 발음해요.

level

레벌

1. 정도, 수준　2. 높이

What's the level of this course?

이 코스의 수준은 어때?

water level 수위

allow
얼라우

허락하다

Smoking is not allowed. 흡연은 허용되지 않는다.
She allowed me to go out.
그녀는 내가 외출하는 것을 허락했어.

add
애드

더하다

Add water. 물을 더 넣어.
I want to add one more thing.
하나만 덧붙이겠습니다.

office
아-풔ㅆ

근무처, 사무실

a doctor's office 진료소
What are your office hours? 근무시간이 어떻게 돼?

> ✅ 의사의 '진찰시간'에도 office hours를 쓸 수 있어요.

spend
스펜드
spend-spent-spent

(돈이나 시간) 쓰다

He spends a lot of money on clothes.
그는 옷에 많은 돈을 써.
I spent my vacation in Prague.
나는 프라하에서 휴가를 보냈어.

door

도어ㄹ

문

Can you open the door? 문 좀 열어줄래?
Can you answer the door? 누가 왔는지 열어줄래?

> close the door 문을 닫다, lock the door 문을 잠그다,
> knock on the door 문을 두드리다

health

헬ㄸ

건강

health care 건강보험
He is in good health. 그는 건강이 좋아.

> be in good health 건강이 좋다 ↔ be in poor health
> 건강이 나쁘다

person

퍼-ㄹ슨

사람

She is a morning person. 그녀는 아침형 인간이야.
There are three people in my family.
우리 가족은 세 사람이야.

> person의 복수형으로 persons보다는 people을 훨씬 더
> 자주 써요.

art
아-ㄹ트

1. 미술; 예술   2. 기술
an art teacher 미술교사
The Art of Loving 사랑의 기술

312위

sure
슈어ㄹ

1. 확실한, 확신하는   2. 꼭 ~하는
Are you sure? 확실해?
Make sure to call me. 꼭 내게 전화해.

> ✓ <Make sure to+동사>는 '꼭 ~해'의 뜻으로 써요.
> Make sure to wear a mask. 꼭 마스크 써.

314위

war
워-ㄹ

전쟁
the Korean War 한국전쟁
the war against drugs 마약과의 전쟁

315위

history
히스터리

역사
the history of jazz 재즈의 역사
a history book 역사책

> ✓ modern history 현대사, ancient history 고대사,
> Korean history 한국사

party
파-ㄹ티

1. 파티　2. 일행, 무리

throw a party 파티를 열다
How many in your party? 일행이 몇 분이세요?

within
위딘

이내에

within 24 hours 24시간 이내에
within a walking distance 걸어서 갈 거리에

grow
그로우
grow-grew-grown

1. 자라다　2. 점점 ~해지다

I grew up in Seoul. 나는 서울에서 자랐어.
It's growing dark. 점점 어두워지고 있어.

result
뤼절ㅌ

1. 결과　2. (~의 결과로) 발생하다(from)

the results of the game 경기 결과
His success results from his efforts.
그의 성공은 노력에서 비롯되었어.

open

오우펀

1. 열다 2. 열려 있는

The bakery opens early. 그 빵집은 일찍 열어.

Banks aren't open on Sundays.

은행은 일요일에 열지 않아.

> ✅ open이 동사(열다)로는 '영업을 시작하다' 또는 '개업하다',
> 형용사(열려 있는)로는 '문을 연, 영업 중인'의 뜻으로 써요.
> What time do you open? 몇 시에 문을 여나요? /
> Are you open? 영업 중인가요?

 **Checkup**

우리말 뜻을 보고 영어 단어를 써넣으세요.

☐ 01. 그는 이미 알아.   He _____ knows.

☐ 02. (전화) 말씀하세요.   _____.

☐ 03. 지도 볼 줄 아니?   Can you _____ a map?

☐ 04. 수위   water _____

☐ 05. 흡연은 허용되지 않는다.   Smoking is not _____.

☐ 06. 물을 더 넣어.   _____ water.

☐ 07. 그는 옷에 많은 돈을 써.   He _____ a lot of money on clothes.

☐ 08. 그는 건강이 좋아.   He is in good _____.

☐ 09. 확실해?   Are you _____?

☐ 10. 재즈의 역사   the _____ of jazz

☐ 11. 일행이 몇 분이세요?   How many in your _____?

☐ 12. 24시간 이내에   _____ 24 hours

☐ 13. 어두워지고 있어.   It's _____ dark.

☐ 14. 경기 결과   the _____ of the game

☐ 15. 그 빵집은 일찍 열어.   The bakery _____ early.

Answers

01. already   02. Speaking   03. read   04. level   05. allowed   06. Add   07. spent
08. health   09. sure   10. history   11. party   12. within   13. growing   14. results
15. opens

DAY 17

321위	morning	331위	before
322위	walk	332위	moment
323위	reason	333위	himself
324위	low	334위	air
325위	win	335위	teacher
326위	research	336위	force
327위	girl	337위	offer
328위	guy	338위	enough
329위	early	339위	education
330위	food	340위	across

morning
모-르닝

아침

Good morning. 좋은 아침이에요.
in the morning 아침에

> ✅ this morning 오늘아침, tomorrow morning 내일 아침,
> yesterday morning 어제 아침, Sunday morning 일요
> 일 아침

walk
워-ㅋ

1. 걷다   2. 산책시키다

He walks to work. 그는 걸어서 출근해.
I walk my dog every morning.
나는 매일 아침 개를 산책시켜.

reason
뤼-즌

이유

Tell me the reason. 내게 이유를 말해봐.
the only reason 유일한 이유

324위

low
로우

낮은

Clouds are low in the sky.
하늘에 구름이 낮게 깔려 있어.
the low price 낮은 가격

> low mountain 낮은 산, low building 낮은 건물, low ceiling 낮은 천장

 325위

win
원
win-won-won

이기다

Who won the game? 누가 경기를 이겼니?
win a fight 싸움을 이기다

> win a race 경주에 이기다, win a war 전쟁에서 이기다, win an election 선거에서 이기다

326위

research
뤼-써취

1. 연구   2. 조사

do research on animals 동물에 관한 연구를 하다
medical research 의학 조사

girl
거-ㄹ얼

1. 소녀　2. 딸

a teenage girl 10대 소녀
Time for bed, girls! 잘 시간이야, 얘들아!

guy
가이

1. 남자　2. 사람들

He is a nice guy. 그는 멋진 남자야.
Hey guys! 안녕 얘들아!

 성별에 관계없이 두 명 이상의 사람들을 가리킬 때 guys를 쓰기도 해요.

early
어-ㄹ올리

1. 이른　2. 일찍

early spring 이른 봄
We arrived early. 우리는 일찍 도착했어.

 early morning 이른 아침, early May 5월 초, early forties 40대 초반

food
푸드

음식

food and drink 음식과 음료
spicy food 매운 음식

> Italian food 이탈리아 음식, favorite food 좋아하는 음식,
> cat food 고양이 먹이

before
비포-ㄹ

전에

Let's meet before lunch. 점심 전에 만나자.
Haven't we met before? 우리 전에 만난 적 있죠?

moment
모우먼트

1. 순간   2. 잠깐

This is the moment. 지금이 그 순간이야.
Wait a moment. 잠깐 기다려.

> in a moment 곧, for a moment 잠시 동안, at the
> moment 지금, 현재

333위 ■□□□
himself
힘쎌ㅍ

그 자신

He introduced himself. 그는 자신을 소개했어.
He lives by himself. 그는 혼자 살아.

334위 ■□□□
air
에어ㄹ

1. 공기   2. 항공

Let's get some fresh air. 바람 좀 쐬자.
air travel 항공 여행

> ✅ clear air 맑은 공기, warm air 따뜻한 공기, cold air 찬
> 공기, polluted air 오염된 공기

335위 ■□□□
teacher
티-춰ㄹ

교사

a science teacher 과학교사
a classroom teacher 학급교사

336위 ■□□□
force
포-ㄹ쓰

1. 힘, 무력   2. 강요하다

by force 힘으로
Mother forced me to study English.
엄마는 내게 영어를 공부하라고 강요하셨어.

offer
아-풔ㄹ

1. 제안하다　2. 제안

I offered him a good job.
나는 그에게 좋은 일자리를 제안했어.
job offer 직업 제안

 get an offer 제안을 받다, accept an offer 제안을 받아
들이다, turn down an offer 제안을 거절하다

enough
이너ㅍ

1. 충분한　2. 충분히

Do you have enough money? 충분한 돈이 있니?
The boy isn't old enough.
그 소년은 충분히 나이가 들지 않았어.

 enough는 부사로 쓰일 때 수식하는 형용사와 부사 뒤에 쓰
여요. 충분히 큰 enough big (X) / big enough (O)

education
에듀케이션

교육

sex education 성교육
He got a good education. 그는 좋은 교육을 받았어.

adult education 성인 교육, higher education 고등교
육, private education 사교육

340위 ☐☐☐

across

어크로-쓰

1. 가로질러 2. 맞은편에

He swam across the river.

그는 강을 가로질러 수영했어.

across the road 길 맞은편에

 **Checkup**

우리말 뜻을 보고 영어 단어를 써넣으세요.

☐ 01. 그는 걸어서 출근해.　　He _____ to work.

☐ 02. 내게 이유를 말해봐.　　Tell me the _____.

☐ 03. 낮은 가격　　the _____ price

☐ 04 누가 경기를 이겼니?　　Who _____ the game?

☐ 05. 의학 조사　　medical _____

☐ 06. 안녕 얘들아!　　Hey _____!

☐ 07. 우리는 일찍 도착했어.　　We arrived _____.

☐ 08. 음식과 음료　　_____ and drink

☐ 09. 잠깐 기다려.　　Wait a _____.

☐ 10. 그는 혼자 살아.　　He lives by _____.

☐ 11. 힘으로　　by _____

☐ 12. 직업 제안　　job _____

☐ 13. 충분한 돈이 있니?　　Do you have _____ money?

☐ 14. 그는 좋은 교육을 받았어.　　He got a good _____.

☐ 15. 길 맞은편에　　_____ the road

Answers

01. walked　02. reason　03. low　04. won　05. research　06. guys　07. early
08. food　09. moment　10. himself　11. force　12. offer　13. enough
14. education　15. across

DAY 18

although
얼-도우

비록 ~이지만

although they're twins 비록 그들은 쌍둥이지만
although he's old 비록 그는 나이가 들었지만

remember
뤼멤버

기억하다

I still remember the day. 나는 여전히 그날을 기억해.
I can't remember his name.
나는 그의 이름을 기억 못 해.

foot
풑

발 (복수형 feet)

I go to work on foot. 나는 걸어서 출근해
My feet ache. 발이 아파

second
쎄컨ㄷ

1. 두 번째의　2. 초; 잠깐

the Second World War 2차 세계대전
Wait a second, please. 잠깐 기다려 주세요.

 in a second 곧, for a second 잠시 동안,
at any second 언제라도

345위

boy
보이

1. 소년　2. (감탄) 야아!

a 10-year-old boy 10살 소년
Boy, that chicken was good. 야아, 그 치킨 맛있었어.

 **346위**

maybe
메이비

아마, 어쩌면

Maybe she's right. 아마 그녀가 옳을 거야.
Maybe not. 아마 아닐 거야.

 347위

toward
터워-드

~을 향하여

toward the bank 은행을 향해
toward peace 평화를 향해

348위

able
에이블

1. 능력 있는　2. 할 수 있는

He is an able teacher. 그는 능력 있는 선생님이야.
She is able to help you. 그녀는 널 도울 수 있어.

349위

age
에이쥐

1. 나이 2. 시대

We're the same age. 우리는 동갑이야.
the Ice Age 빙하시대

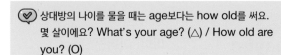 상대방의 나이를 물을 때는 age보다는 how old를 써요.
몇 살이에요? What's your age? (△) / How old are
you? (O)

 **350위**

policy
팔-러씨

정책, 방책

policy on education 교육 정책
Honesty is the best policy. 정직이 최상의 방책이다.

defense policy 국방 정책, foreign policy 외교 정책,
economic policy 경제 정책

351위

everything
에브뤼띵

1. 모든 것 2. 전부, 가장 소중한 것

How's everything? 모든 게 어때?
You mean everything to me. 너는 내게 전부야.

How's everything?은 상대방의 안부를 묻는 표현이에요.
How's everything? 잘 지내? - Good. 좋아.

love
러브

1. 사랑   2. 사랑하다; 매우 좋아하다

I'm in love with her. 나는 그녀를 사랑해.
I love chocolate. 나는 초콜릿을 정말 좋아해.

process
프롸-쎄쓰

1. 가공하다   2. 과정

process milk 우유를 가공하다
the aging process 노화과정

music
뮤-직

음악

The band is playing music.
밴드가 음악을 연주하고 있어.
classical music 클래식 음악

> '클래식 음악'은 classic music이 아니라 classical
> music이에요.

including
인클루-딩

~을 포함해서

including tax 세금을 포함하여
including me 나를 포함해서

356위 ☐☐☐

consider

컨씨더ㄹ

고려하다, 신중히 생각하다

I'll consider your offer.

당신의 제안을 생각해 보겠습니다.

I'm considering a divorce. 이혼을 생각 중이야.

357위 ☐☐☐

appear

어피어ㄹ

1. ~처럼 보이다   2. 나타나다; 출연하다

He appears a good man. 그는 좋은 사람처럼 보여.

My friend appeared on TV. 내 친구가 TV에 나왔어.

358위 ☐☐☐

actually

액츄얼리

사실은, 실은

Actually, I don't like ice cream.

사실 나는 아이스크림을 안 좋아해.

Love Actually 사실 사랑은(러브 액츄얼리)

359위 ☐☐☐

buy

바이

buy-bought-bought

사주다, 사다

He bought me a Cucci. 그는 내게 구찌를 사줬어.

He bought a Gucci for me.

그는 나를 위해 구찌를 샀어.

probably

프롸버블리

아마도

Probably she's wrong. 아마 그녀가 틀릴 거야.

Probably not. 아마 아닐 거야.

 # Checkup

우리말 뜻을 보고 영어 단어를 써넣으세요.

☐ 01. 비록 그들은 쌍둥이지만 _____ they're twins

☐ 02. 나는 그의 이름을 기억 못 해. I can't _____ his name.

☐ 03. 발이 아파. My _____ ache.

☐ 04. 2차 세계대전 the _____ World War

☐ 05. 아마 아닐 거야. _____ not.

☐ 06. 평화를 향해 _____ peace

☐ 07. 우리는 동갑이야. We're the same _____.

☐ 08. 교육 정책 _____ on education

☐ 09. 넌 내게 전부야. You mean _____ to me.

☐ 10. 나는 초콜릿을 정말 좋아해. I _____ chocolate.

☐ 11. 노화과정 the aging _____

☐ 12. 세금을 포함하여 _____ tax

☐ 13. 이혼을 생각 중이야. I'm _____ a divorce.

☐ 14. 그는 좋은 사람처럼 보여. He _____ a good man.

☐ 15. 그는 내게 구찌를 사줬어. He _____ me a Cucci.

Answers

01. though   02. remember   03. feet   04. Second   05. Maybe   06. toward
07. age   08. policy   09. everything   10. love   11. process   12. including
13. considering   14. appears   15. bought

DAY
19

미국인 사용빈도
361위 - 380위

human
휴-먼

인간의

human body 인체
human nature 인간 본성

 human being 인간, human race 인류,
human society 인간 사회, human right 인권

wait
웨이트

기다리다

I'm waiting for the bus. 나는 버스를 기다리고 있어.
a waiting list 대기자명단

 '~을 기다리다'는 wait가 아니라 wait for예요.
wait for the train 기차를 기다리다

serve
써-ㅂ

1. (음식) 제공하다   2. 복무하다

She served the soup with bread.
그녀는 빵을 곁들인 수프를 제공했어.
He served in the army. 그는 군에서 복무했어.

market
마-ㄹ킷

시장

I go to the market once a week.
나는 일주일에 한 번 시장에 가.
a flea market 벼룩시장

die

다이

1. 죽다　2. 간절히 바라다

He died young. 그는 젊어서 죽었어.
I'm dying for some ice cream.

아이스크림 먹고 싶어 죽겠어.

> 💚 <I'm dying for+명사>는 '~하고 싶어 죽겠어'의 뜻이에요.
> I'm dying for a cup of water. 물 한 잔 마시고 싶어 죽
> 겠어.

send

쎈ㄷ
send-sent-sent

보내다

He sent her flowers. 그는 그녀에게 꽃을 보냈어.
He sent flowers to her. 그는 꽃을 그녀에게 보냈어.

367위

expect

익스펙ㅌ

1. 기대하다　2. 기다리다

Don't expect too much. 너무 많이 기대하지 마.
I'm expecting her call.

나는 그녀의 전화를 기다리고 있어.

368위

sense

쎈ㅆ

감각

He has no sense of humor. 그는 유머감각이 없어.
sixth sense 육감

369위 ☐☐☐

build

빌드

build-built-built

짓다, 건설하다

He built a hotel. 그는 호텔을 지었어.

This school is built of brick.

이 학교는 벽돌로 지어졌어.

370위 ☐☐☐

stay

스테이

머무르다

She stayed at a hotel. 그녀는 호텔에 머물렀어.

How long are you staying? 얼마나 머무실 건가요?

371위 ☐☐☐

fall

포-올

fall-fell-fallen

1. 떨어지다   2. 가을

I fell off the bed. 나는 침대에서 떨어졌어.

We went to Jordan last fall.

우리는 지난 가을 요르단에 갔어.

372위 ☐☐☐

oh

오우

(감탄) 오

Oh, my! 오, 이런!

Uh-oh. 이런.

> ✅ uh-oh는 무언가 문제가 생겼을 때 쓰는 감탄사예요.
> Uh-oh, we're in trouble! 이런, 우리 큰일 났어!

373위 ▢▢▢

nation
네이션

나라
the African nations 아프리카 나라들
the United Nations 유엔

374위 ▢▢▢

plan
플랜

1. 계획 2. 계획하다
Do you have any plans tonight?
오늘 저녁에 약속 있니?
I'm planning to study abroad. 유학 갈 계획이야.

> ✅ 누군가를 만날 '약속'에는 plan의 복수형인 plans를, 무언가를 꼭 하겠다는 다짐이나 약속에는 promise를 써요.
> Let's make a promise. 우리 약속하자.

375위 ▢▢▢

cut
컽
cut-cut-cut

1. 자르다 2. 베다
Cut the apple in half. 사과를 반으로 잘라.
I cut my finger. 손가락을 베었어.

376위 ▢▢▢

college
카-알리쥐

대학
I'm in college. 나는 대학에 다녀.
He's going to college. 그는 대학에 갈 거야.

> ✅ in college는 '대학에 재학 중인'의 뜻이에요.

interest

인트러스트

1. 흥미, 관심　2. 이자

He has an interest in fashion.

그는 패션에 관심이 있어.

monthly interest 월 이자

death

데뜨

죽음

I was close to death. 죽을 뻔했어.

sudden death 갑작스런 죽음

379위─□□□

course

코-ㄹ쓰

과정

five-course meal 다섯 가지 코스 요리

Of course. 물론이지.

380위─□□□

someone

썸원

어떤 사람, 누구

There's someone in the bathroom.

화장실에 누가 있어.

Someone called. 누가 전화했어.

우리말 뜻을 보고 영어 단어를 써넣으세요.

☐ 01. 인간본성 _____ nature

☐ 02. 나는 버스를 기다리고 있어. I'm _____ for the bus.

☐ 03. 그는 군에서 복무했어. He _____ in the army.

☐ 04. 그는 젊어서 죽었어. He _____ young.

☐ 05. 그는 그녀에게 꽃을 보냈어. He _____ her flowers.

☐ 06. 너무 많이 기대하지 마. Don't _____ too much.

☐ 07. 그는 유머감각이 없어. He has no _____ of humor.

☐ 08. 이 학교는 벽돌로 지어졌어. This school is _____ of brick.

☐ 09. 얼마나 머무실 건가요? How long are you _____?

☐ 10. 나는 침대에서 떨어졌어. I _____ off the bed.

☐ 11. 유엔 the United _____

☐ 12. 손가락을 베었어. I _____ my finger.

☐ 13. 나는 대학에 다녀. I'm in _____.

☐ 14. 그는 패션에 관심이 있어. He has an _____ in fashion.

☐ 15. 죽을 뻔 했어. I was close to _____.

Answers

01. human   02. waiting   03. served   04. died   05. sent   06. expect   07. sense
08. built   09. staying   10. fell   11. Nations   12. cut   13. college   14. interest
15. death

DAY
20

미국인 사용빈도
381위 – 400위

381위 ☐☐☐

experience

익스피뤼언쓰

경험

He has a lot of experience. 그는 경험이 많아.
work experience 경력

382위 ☐☐☐

behind

비하인드

뒤에

He sat behind me. 그는 내 뒤에 앉았어.
I'll stay behind. 나는 뒤에 남을 게.

> ✅ stay behind는 '뒤에 남다, 출발하지 않다'의 뜻이에요.

383위 ☐☐☐

reach

뤼-취

1. 도착하다 2. 거리, 범위

We reached Seoul. 우리는 서울에 도착했어.
children's reach 아이들이 손을 뻗어 닿을 거리

> ✅ '~에 도착하다'는 reach to가 아니라 reach예요.

384위 ☐☐☐

local

로우클

지역의, 현지의

local newspaper 지역 신문
local dialect 지역 방언

385위

kill
킬

1. 죽이다   2. 몹시 화내다

He killed her with a gun.
그는 총으로 그녀를 살해했어.

Mom will kill me. 엄마가 내게 엄청 화내실 거야.

386위

six
씩쓰

여섯

Turn to page six. 6쪽을 펴라.

Let's meet at six. 6시에 만나자.

387위

remain
뤼메인

1. 남다   2. 계속 ~이다

Nothing remained. 아무것도 남지 않았어.

Please remain seated. 앉아 계세요.

> remain standing 계속 서 있다, remain silent 잠자코 있
> 다

388위

effect
이풱트

1. 결과   2. 영향, 효과

cause and effect 원인과 결과

a side effect 부작용

yeah
예어

그래, 응
Oh, yeah? 아, 그래?
Yeah, right. 그래, 맞아.

suggest
써줴스트

1. 제안하다 2. 추천하다
I suggested a new plan. 나는 새로운 계획을 제안했어.
May I suggest a white wine?
백포도주를 추천해도 될까요?

class
클래쓰

1. 수업; 학급 2. 등급
Classes begin at nine o'clock. 수업은 9시에 시작해.
business class 비즈니스 클래스

control
컨트로울

1. 억제하다, 통제하다 2. 억제, 통제
I cannot control my anger.
나는 분노를 억제할 수 없어.
traffic control 교통 통제

raise
뤠이ㅈ

1. 들다, 올리다   2. 기르다
Raise your hand. 손을 들어라.
He raises chickens. 그는 닭을 길러.

care
케어

1. 돌봄, 보살핌   2. 조심, 주의
health care 의료보험
Handle with care. 조심히 다뤄.

395위

perhaps
퍼ㄹ햅ㅆ

아마도
Perhaps it will rain tomorrow.
아마 내일 비가 올 거야.
Perhaps not. 아마 아닐 거야.

late
레이ㅌ

1. 늦은   2. 후반의
Sorry I'm late. 늦어서 미안해.
in his late forties 40대 후반에 (남자)

hard

하-ㄹ드

1. 어려운   2. 힘든

The test was hard. 시험은 어려웠어.
It was a hard day. 힘든 하루였어.

field

필-ㄷ

1. 들판   2. 분야

in the field 들판에
in the field of medicine 의약분야

else

엘쓰

그 밖의, 다른

Anything else? 또 다른 건 없으세요?
Everyone else was there.
다른 사람들이 모두 거기 있었어.

pass

패쓰

1. 지나가다   2. 건네주다

Please let me pass. 좀 지나갈게요.
Could you pass me the salt? 소금 좀 건네줄래?

 **Checkup**

우리말 뜻을 보고 영어 단어를 써넣으세요.

☐ 01. 그는 경험이 많아.　　　　　　He has a lot of _____.

☐ 02. 그는 내 뒤에 앉았어.　　　　　He sat _____ me.

☐ 03. 우리는 서울에 도착했어.　　　We _____ Seoul.

☐ 04. 지역 신문　　　　　　　　　　_____ newspaper

☐ 05. 엄마가 내게 엄청 화내실 거야.　Mom will _____ me.

☐ 06. 앉아 계세요.　　　　　　　　Please _____ seated.

☐ 07. 원인과 결과　　　　　　　　cause and _____

☐ 08. 나는 새로운 계획을 제안했어.　I _____ a new plan.

☐ 09. 수업은 9시에 시작해.　　　　_____ begin at nine o'clock.

☐ 10. 나는 분노를 억제할 수 없어.　I cannot _____ my anger.

☐ 11. 손을 들어라.　　　　　　　　_____ your hand.

☐ 12. 조심히 다뤄.　　　　　　　　Handle with _____.

☐ 13. 늦어서 미안해.　　　　　　　Sorry I'm _____.

☐ 14. 시험은 어려웠어.　　　　　　The test was _____.

☐ 15. 좀 지나갈게요.　　　　　　　Please let me _____.

Answers

01. experience　02. behind　03. reached　04. local　05. kill　06. remain　07. effect
08. suggested　09. Classes　10. control　11. Raise　12. care　13. late　14. hard
15. pass

DAY
21

미국인 사용빈도
401위 - 420위

former

포-ㄹ머ㄹ

1. 이전의 2. (둘 중에서) 전자

a former husband 전 남편
The former is better than the latter.
전자가 후자보다 낫다.

> ✅ 둘 중에서 '전자'는 the former, '후자'는 the latter로 표현
> 해요.

sell

쎌

sell-sold-sold

팔다

I sold my bike to him. 나는 자전거를 그에게 팔았어.
The tickets are sold out. 표가 다 팔렸어.

> ✅ '다 팔리다'의 뜻으로 sell out 또는 be sold out을 써요.
> The tickets are sold out. = The tickets sold out.

major

메이저ㄹ

1. 중요한, 주요한 2. 전공

the major league 메이저리그
What is your major? 전공이 뭐니?

sometimes

썸타임즈

가끔, 때때로

He sometimes calls me. 그는 가끔 내게 전화해.
She is sometimes late. 그녀는 가끔 늦어.

> ✔ sometimes는 '빈도'를 나타내는 부사로 be동사, 조동사
> 뒤, 일반 동사 앞에 써요.

require

뤼콰이어

필요하다, 요구하다

This job requires fluent English.
이 일은 유창한 영어를 필요로 해.
Fluent English is required. 유창한 영어가 필요해.

along

얼로-옹

1. ~을 따라   2. ~와 함께

I walked along the beach. 나는 해변을 따라 걸었어.
Why don't you come along? 같이 가지 않을래?

> ✔ along the road 길을 따라, along the river 강을 따라

development

디**벨**럽먼트

1. 발전, 발달   2. 개발

economic development 경제 발전
the development of a new drug 신약 개발

themselves

댐쎌브즈

그들 자신

They enjoyed themselves at the party.
그들은 파티를 즐겼어.
They themselves made it.
그들 스스로 그것을 만들었어.

> ✅ myself 나 자신, yourself 너 자신, himself 그 자신, herself 그녀 자신, itself 그것 자체, ourselves 우리 자신

report

뤼포-르트

1. 보도; 보고(서)   2. 보도하다; 보고하다

news report 뉴스 보도
There's nothing to report. 보고할 게 없어.

> ✅ 학교의 '과제'는 report가 아니라 paper나 essay를 써요. report는 회사 등에서 쓰는 '보고서'를 말해요.

role

로울

1. 역할   2. 배역

a key role 핵심 역할
He plays the role of the prince.
그는 왕자 배역을 연기해.

> ✅ a starring role 주연, a supporting role 조연, a major role 주요 배역, a minor role 단역

better

베터ㄹ

1. 더 좋은 2. (had better) ~하는 편이 낫다

My English is getting better.

내 영어가 점점 나아지고 있어.

I had better leave now. 지금 가는 게 낫겠어.

> ✅ had better 다음에는 동사원형을 써요. 구어체에서는 had를 생략하기도 해요. Should I go? 가야 할까? - You better. 그러는 게 나아.

economic

에커나-믹

경제의

economic depression 경제 불황
economic growth 경제 성장

effort

에퓌ㄹ트

노력

big effort 큰 노력
Learning English takes a lot of effort.

영어를 배우는 데는 많은 노력이 필요해.

414위 ─ ☐☐☐

decide

디싸이ㄷ

결정하다, 결심하다
You decide. 네가 결정해.
I decided to go to Rome.
나는 로마에 가기로 결심했어.

> <I decided to+동사>는 '~하기로 했어'의 뜻이에요.
> I decided to buy a car. 나는 차를 사기로 했어.

415위 ─ ☐☐☐

rate

뤠이ㅌ

1. 비율   2. 요금
a birth rate 출생률
a telephone rate 전화 요금

> a death rate 사망률, a success rate 성공률,
> a crime rate 범죄율

416위 ─ ☐☐☐

strong

스트룅

1. 튼튼한, 강한   2. 진한, 독한
He is still strong. 그는 여전히 튼튼해.
strong coffee 진한 커피

possible
파-써벌

가능한

Come tomorrow, if possible. 가능하면 내일 와.
Come home as soon as possible.
가능한 한 집에 빨리 와.

 as soon as possible은 '가능한 빨리'의 뜻으로 앞 글자만
따서 ASAP라 쓰기도 해요.

heart
하-ㄹ트

1. 심장, 가슴   2. 마음

My heart beat fast. 내 심장이 빠르게 뛰었어.
Follow your heart. 네 마음 내키는 대로 해.

 a good heart 착한 마음, a cold heart 냉정한 마음,
a broken heart 상처받은 마음

drug
드러ㄱ

1. 약, 약제   2. 마약

a drug company 제약회사
I don't do drugs. 나는 마약을 안 해.

 drug는 헤로인, 코카인이나 LSD 같은 중독성 강한 마약을
뜻할 때가 많아요.

leader
리-더ㄹ

지도자, 대표

a born leader 타고난 지도자
the new leader of the party 그 정당의 새 대표

 **Checkup**

우리말 뜻을 보고 영어 단어를 써넣으세요.

☐ 01. 전 남편   a _____ husband

☐ 02. 나는 자전거를 그에게 팔았어.   I _____ my bike to him.

☐ 03. 전공이 뭐니?   What is your _____?

☐ 04. 그는 가끔 내게 전화해.   He _____ calls me.

☐ 05. 유창한 영어가 요구된다.   Fluent English is _____.

☐ 06. 같이 가지 않을래?   Why don't you come _____?

☐ 07. 경제 발전   economic _____

☐ 08. 보고할 게 없어.   There's nothing to _____.

☐ 09. 그는 왕자 배역을 연기해.   He plays the _____ of the prince.

☐ 10. 지금 가는 게 낫겠어.   I had _____ leave now.

☐ 11. 큰 노력   big _____

☐ 12. 네가 결정해.   You _____.

☐ 13. 전화 요금   a telephone _____

☐ 14. 가능하면 내일 와.   Come tomorrow, if _____.

☐ 15. 나는 마약을 안 해.   I don't do _____.

Answers

01. former   02. sold   03. major   04. sometimes   05. required   06. along
07. development   08. report   09. role   10. better   11. effort   12. decide   13. rate
14. possible   15. drugs

DAY 22

미국인 사용빈도
421위 – 440위

light
라이트

1. 전등, 불　2. 가벼운

turn on the light 전등을 켜다
This box is light. 이 상자는 가벼워.

voice
보이쓰

목소리

He has a nice voice. 그는 목소리가 좋아.
a soft voice 부드러운 목소리

> ✅ a deep voice 굵은 목소리, a loud voice 큰 목소리,
> a high voice 높은 목소리

wife
와이프

아내 (복수 wives)

This is my wife, Jessie. 여긴 내 아내 제시야.
his second wife 그의 두 번째 아내

whole
호울

1. 전체의, 모든　2. 완전히

The whole family went to Hawaii.
온 가족이 하와이에 갔어.
a whole new world 완전히 새로운 세상

police

펄리-ㅆ

경찰

I'll call the police. 경찰을 부를 거예요.
a police officer 경찰관

mind

마인ㄷ

1. 마음, 정신   2. 신경 쓰다

I changed my mind. 나는 마음을 바꿨어.
I don't mind. 신경 안 써.

427위

finally

퐈이널리

1. 마침내   2. 마지막으로

He finally got a job. 그는 마침내 직장을 구했어.
Finally, add some milk. 마지막으로 우유를 넣어.

428위

pull

풀

1. 당기다   2. 뽑다

Stop pulling my hair! 머리 좀 그만 잡아당겨!
I pulled the plug. 나는 플러그를 뽑았어.

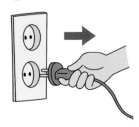

return

리터-ㄹ언

1. 돌아가다   2. 돌려주다

I returned home late. 나는 늦게 집에 돌아갔어.
Don't forget to return my bike.
자전거 돌려주는 거 잊지 마

free

프뤼-

1. 자유로운   2. 한가한

Feel free to call me. 언제든 전화해.
Are you free tomorrow? 내일 한가해?

> ✅ <Feel free to+동사>는 '편하게 ~하다'의 뜻이에요.
> Feel free to ask questions. 편하게 질문하세요.

military

밀러테뤼

군대

He is in the military. 그는 군대에 있어.
He joined the military. 그는 입대했어.

price

프라이쓰

가격

What's the price? 얼마예요?
a price tag 가격표

less
레쓰

더 적은

I spend less money. 나는 돈을 덜 써.
Tickets are less expensive. 티켓이 더 저렴해.

little 적은 - less 더 적은 – least 가장 적은

according to
어코-딩 투

~에 따르면

according to him 그에 따르면
according to a rumor 소문에 따르면

decision
디씨전

결정

I made a decision. 나는 결정했어.
That was a tough decision.
그것은 어려운 결정이었어.

a good decision 좋은 결정, a big decision 큰 결정,
a final decision 최종 결정

explain
익스플레인

설명하다

I explained the rules. 나는 규칙을 설명했어.
He explained the reason. 그는 이유를 설명했어.

son
썬

아들

an only son 외아들
the oldest son 장남

hope
호웁

1. 바라다, 희망하다   2. 희망

I hope she's okay. 그녀가 괜찮기를 바라.
Never give up hope. 절대로 희망을 버리지 마.

develop
디**벨**럽

개발하다

develop new software 새로운 소프트웨어를 개발하다
a developing country 개발도상국

view
뷰

1. 생각, 견해   2. 전망

in my view 내 생각에는
a room with a nice view 전망이 좋은 방

우리말 뜻을 보고 영어 단어를 써넣으세요.

☐ 01. 전등을 켜다   turn on the _____

☐ 02. 그는 목소리가 좋아.   He has a nice _____.

☐ 03. 완전히 새로운 세상   a _____ new world

☐ 04. 경찰을 부를 거예요.   I'll call the _____.

☐ 05. 신경 안 써.   I don't _____.

☐ 06. 나는 플러그를 뽑았어.   I _____ the plug.

☐ 07. 나는 늦게 집에 돌아갔어.   I _____ home late.

☐ 08. 언제든 전화해.   Feel _____ to call me.

☐ 09. 그는 입대했어.   He joined the _____.

☐ 10. 얼마예요?   What's the _____?

☐ 11. 티켓이 더 저렴해.   Tickets are _____ expensive.

☐ 12. 소문에 따르면   _____ to a rumor

☐ 13. 나는 결정했어.   I made a _____.

☐ 14. 그는 이유를 설명했어.   He _____ the reason.

☐ 15. 절대로 희망을 버리지 마.   Never give up _____.

Answers

01. light   02. voice   03. whole   04. police   05. mind   06. pulled   07. returned
08. free   09. military   10. price   11. less   12. according   13. decision
14. explained   15. hope

DAY
23

미국인 사용빈도
441위 – 460위

relationship
릴레이션쉽

관계

a parent-child relationship 부모 자식 관계
personal relationship 개인적인 관계

carry
캐뤼

1. 나르다, 운반하다　2. 가지고 다니다
I can't carry this box. 나는 이 상자를 나를 수 없어.
He always carries a book.
그는 언제나 책을 가지고 다녀.

town
타운

1. 도시　2. 시내, 도심
a ghost town 유령도시
I'm going into town. 나는 시내에 가는 중이야.

> town은 villiage(마을)보다는 크고 city(도시)보다는 규모가
> 작은 곳을 말해요.

road
로우드

길, 도로
I walked along the road. 나는 길을 따라 걸었어.
in the middle of the road 도로 한 가운데

drive
드라이브
drive-drove-driven

1. 운전하다　2. 태워다 주다
Can you drive? 운전할 줄 아니?
She drove me to the airport.
그녀는 나를 공항까지 태워다 줬어.

arm
아-ㄹ암

팔
They walked arm in arm. 그들은 팔짱을 끼고 걸었다.
He broke his arm. 그는 팔이 부러졌어.

true
트루-

1. 사실의, 진짜의　2. 진정한
Is it true? 그게 사실이야?
a true friend 진정한 친구

federal
풰더뤌

연방의
a federal republic 연방공화국
a federal government 연방정부

449위 ☐☐☐

break

브뤠이크
break-broke-broken

1. 깨다, 부수다   2. 고장 내다

The kid broke the window. 그 아이가 창문을 깼어.
Who broke the TV? 누가 TV를 고장 냈니?

450위 ☐☐☐

difference

디프런쓰

차이, 다름

time difference 시차
What's the difference? 차이가 뭐니?

451위 ☐☐☐

thank

땡크

감사하다

Thank you for your help. 도와줘서 고마워.
Thank God it's Friday. 야, 금요일이다.

> ✅ Thank God it's Friday.는 주말이 다가왔다고 느끼는 해방
> 감을 나타내는 표현이에요. TGIF.로 줄여 말하기도 해요.

452위 ☐☐☐

receive

뤼씨-ㅂ

받다

I received a gift. 나는 선물을 받았어.
receive a phone call 전화를 받다

453위-☐☐☐

value
뺄류-

1. 가치   2. 소중하게 생각하다

a high value 높은 가치
I value our friendship.
나는 우리의 우정을 소중하게 생각해.

454위-☐☐☐

international
인터ㄹ내셔늘

국제의, 국제적인

an international airport 국제공항
an international language 국제적인 언어

455위-☐☐☐

building
빌딩

건물

an old building 오래된 건물
a tall building 높은 건물

456위-☐☐☐

action
액션

액션, 행동

an action movie 액션영화
Actions speak louder than words.
행동이 말보다 더 크게 말한다.

> ✅ Actions speak louder than words.는 말보다 행동이
> 더 중요하다는 뜻의 영어 속담이에요.

full

풀

1. 가득 찬　2. 배부른

The elevator was full. 엘리베이터가 꽉 차 있었어.

No, thanks. I'm full. 아뇨, 괜찮습니다. 배불러요.

model

마-들

1. 모형　2. 모델, 본보기

a model of the Eiffel Tower 에펠탑 모형

He is a role model. 그는 롤 모델이야.

join

조인

1. 가입하다　2. 함께 하다

I joined the dancing club.

나는 댄스 동아리에 가입했어.

Why don't you join us? 우리랑 함께 하지 않을래?

season

씨-즌

1. 계절, 철　2. 시절

Korea has four seasons. 한국은 사계절이 있어.

peak season 성수기

 # Checkup

우리말 뜻을 보고 영어 단어를 써넣으세요.

☐ 01. 부모 자식 관계   a parent-child _____

☐ 02. 그는 언제나 책을 가지고 다녀.   He always _____ a box.

☐ 03. 나는 시내에 가는 중이야.   I'm going into _____.

☐ 04. 도로 한 가운데   in the middle of the _____

☐ 05. 운전할 줄 아니?   Can you _____?

☐ 06. 그게 사실이야?   Is it _____?

☐ 07. 연방정부   a _____ government

☐ 08. 누가 TV를 고장 냈니?   Who _____ the TV?

☐ 09. 차이가 뭐니?   What's the _____?

☐ 10. 나는 선물을 받았어.   I _____ a gift.

☐ 11. 높은 가치   a high _____

☐ 12. 국제공항   an _____ airport

☐ 13. 배불러요.   I'm _____.

☐ 14. 우리랑 함께 하지 않을래?   Why don't you _____ us?

☐ 15. 한국은 사계절이 있어.   Korea has four _____.

Answers

01. relationship   02. carries   03. town   04. road   05. drive   06. true   07. federal
08. broke   09. difference   10. received   11. value   12. international   13. full
14. join   15. seasons

DAY 24

미국인 사용빈도 461위 - 480위

society

써싸이어티

사회

a modern society 현대사회
We're all members of society.
우리는 모두 사회 구성원이다.

461위

tax

택쓰

세금

tax-free 세금 없는
an income tax 소득세

462위

director

더뤡터

1. 감독   2. 이사

a famous movie director 유명한 영화감독
a sales director 영업 이사

> ✅ a finance director 재무 이사, a marketing director
> 마케팅 이사

463위

position

퍼지션

1. 위치, 처지   2. 지위

a difficult position 어려운 위치
a social position 사회적 지위

464위

player
플레이어

1. 선수   2. 연주자
a basketball player 농구선수
a guitar player 기타 연주자

agree
어그뤼-

1. 동의하다   2. 찬성하다
I agree with him. 나는 그에게 동의해.
I agree on the plan. 나는 그 계획에 찬성해.

especially
이스페셜리

특별히, 특히
especially for you 특별히 너를 위해서
It's not especially cold. 특별히 춥진 않아.

record
뤠코르드

1. 기록   2. /뤼코-ㄹ드/ 기록하다; 녹음하다
He broke the world record. 그가 세계 기록을 깼어.
She recorded a new album.
그녀는 새로운 앨범을 녹음했어.

pick

픽

1. 고르다   2. 따다; 꺾다

Pick a number from one to ten.

1에서 10까지의 숫자 중 하나만 골라 봐.

We picked apples. 우리는 사과를 땄어.

wear

웨어ㄹ

wear-wore-worn

입고 있다, 쓰고 있다

wear jeans and a T-shirt

청바지와 티셔츠를 입고 있다

He wears glasses. 그는 안경을 써.

471위 ☐☐☐

paper

페이퍼ㄹ

1. 종이   2. 서류

a piece of paper 종이 한 장

Important papers are missing.

중요한 서류가 없어졌어.

472위 ☐☐☐

special

스페셜

특별한

She is special to me. 그녀는 내게 특별해.

something special 뭔가 특별한 것

space

스페이쓰

1. 공간　2. 우주

a parking space 주차 공간
a spaceship 우주선

ground

그라운드

1. 땅　2. 외출하지 못하게 하다

The ground is wet. 땅이 젖어 있어.
Dad grounded me. 아빠가 나를 외출금지 시켰어.

form

포-ㄹ옴

1. 모양, 형태　2. 양식

the form of a car 자동차의 모양
a college application form 대학 지원서

support

써포-ㄹ트

1. 지지하다　2. 부양하다

I'll support him. 나는 그를 지지할거야.
support a large family 대가족을 부양하다

event

이붼ㅌ

행사

a main event 주요 행사
a family event 가족 행사

official

어퓌셜

1. 공식적인   2. 관리, 공무원

an official visit 공식 방문
a government official 정부 관리

479위

whose

후-ㅈ

1. 누구의   2. 누구의 것

Whose coat is this? 이것은 누구의 코트니?
Whose is this? 이것은 누구의 것이니?

480위

matter

매터ㄹ

1. 문제   2. 중요하다

What's the matter? 문제가 뭐니?
It doesn't matter. 그건 중요하지 않아.

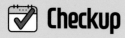

우리말 뜻을 보고 영어 단어를 써넣으세요.

☐ 01. 우리는 모두 사회구성원이다.　　We're all members of _____.

☐ 02. 소득세　　an income _____

☐ 03. 유명한 영화감독　　a famous movie _____

☐ 04. 사회적 지위　　a social _____

☐ 05. 나는 그에게 동의해.　　I _____ with him.

☐ 06. 특별히 춥진 않아.　　It's not _____ cold.

☐ 07. 우리는 사과를 땄어.　　We _____ apples.

☐ 08. 그는 안경을 써.　　He _____ glasses.

☐ 09. 그녀는 나에겐 특별해.　　She is _____ to me.

☐ 10. 땅이 젖어 있어.　　The _____ is wet.

☐ 11. 대학 지원서　　a college application _____

☐ 12. 나는 그를 지지할거야.　　I'll _____ him.

☐ 13. 공식 방문　　an _____ visit

☐ 14. 이것은 누구의 코트니?　　_____ coat is this?

☐ 15. 그건 중요하지 않아.　　It doesn't _____.

Answers

01. society　02. tax　03. director　04. position　05. agree　06. especially
07. picked　08. wears　09. special　10. ground　11. form　12. support　13. official
14. Whose　15. matter

DAY
25

미국인 사용빈도
481위 – 500위

everyone
에브뤼원

모든 사람, 모두

Hello, everyone! 여러분, 안녕하세요!
Everyone is equal. 모든 사람은 평등하다.

center
센터ㄹ

1. 중심, 가운데   2. 센터

in the center of Seoul 서울 한복판에
a shopping center 쇼핑센터

couple
커플

1. 두어 개의, 두어 명의   2. 부부, 연인

a couple of days ago 며칠 전에
The couple is a perfect match.
그 부부는 정말 잘 어울려.

site
싸이ㅌ

용지, 부지

a camping site 캠핑장
a site for a building 건물 부지

project

프롸-젝트

프로젝트, 계획

a big project 큰 프로젝트
launch a project 프로젝트를 착수하다

hit

힡
hit-hit-hit

1. 때리다   2. 부딪치다

He hit me in the face. 그는 내 얼굴을 때렸어.
He was hit by a car. 그는 차에 치였어.

base

베이쓰

1. 근거지; 기초   2. ~에 바탕을 두다

a base camp 베이스 캠프
The movie is based on a true story.
그 영화는 실화에 바탕을 두고 있어.

activity

액티버티

활동

outdoor activities 야외 활동
leisure activities 여가 활동

star
스타-르

1. 별　2. 스타

the morning star 샛별
a famous movie star 유명한 영화배우

490위

table
테이블

1. 테이블, 탁자　2. 표, 목록

I'd like to book a table. 테이블을 예약하고 싶어요.
a time table 시간표

491위

court
코-르트

1. 법정　2. 코트

appear in court 법정에 출두하다
a tennis court 테니스 코트

> 경기장을 뜻하는 말로 court, field, link가 있어요.
> a basketball court 농구 코트 / baseball field 야구장 /
> ice hockey rink 아이스하키 링크

492위

produce
프뤄듀-쓰

1. 생산하다　2. /프롸듀-쓰/ 농산물

The factory produces 100 cars a day.
그 공장은 하루에 100대의 차를 생산해.
fresh produce 신선한 농산물

> organic produce 유기농 농산물, local produce 지역
> 농산물

493위 ⬛◻◻◻

eat

이-트

eat-ate-eaten

먹다

I ate a hamburger for lunch.

나는 점심으로 햄버거를 먹었어.

We often eat out. 우리는 자주 외식을 해.

> eat과 have는 '먹다'란 뜻의 동사지만, 식당에서 어떤 음식을 주문해서 먹을 때는 eat보다는 have를 주로 써요.
> What will you have? 뭘 드시겠어요? -
> I'll have the steak. 스테이크로 먹을게요.

494위 ⬛◻◻◻

teach

티-취

teach-taught-taught

가르치다

He teaches history. 그는 역사를 가르쳐.

He taught me to swim. 그는 내게 수영을 가르쳤어.

495위 ⬛◻◻◻

oil

오일

1. 기름   2. 석유

sesame oil 참기름

oil prices 유가

> oil은 정제되지 않은 검은색 '석유'를 뜻해요. 우리가 자동차에 주유하는 '휘발유'는 oil이 아니라 gasoline이라 하는데, 줄여서 gas라 써요.

half
해프

절반, 2분의 1
one and a half 1과 1/2
in the first half 전반전에

✅ half에서 l은 발음되지 않는 묵음이에요.

situation
시츄에이션

상황

a situation comedy 상황극(시트콤)
a real situation 실제 상황

✅ a bad situation 안 좋은 상황, a difficult situation 어려운 상황, a dangerous situation 위험한 상황

easy
이-지

1. 쉬운   2. 편안한
The test was easy. 시험은 쉬웠어.
She lives an easy life. 그녀는 편안한 삶을 살아.

cost
카-스트
cost-cost-cost

1. 비용   2. 비용이 들다
the cost of living 생활비
How much does it cost? 비용이 얼마나 들어?

industry

인더스트뤼

산업

the car industry 자동차 산업
high-tech industry 첨단 산업

> the computer industry 컴퓨터 산업,
> the tourist industry 관광 산업,
> the entertainment industry 엔터테인먼트 산업

 **Checkup**

우리말 뜻을 보고 영어 단어를 써넣으세요.

☐ 01. 모든 사람은 평등하다.   _____ is equal.

☐ 02. 그 부부는 정말 잘 어울려.   The _____ is a perfect match.

☐ 03. 캠핑장   a camping _____

☐ 04. 그는 차에 치였어.   He was _____ by a car.

☐ 05. 여가 활동   leisure _____

☐ 06. 시간표   a time _____

☐ 07. 법정에 출두하다   appear in _____

☐ 08. 신선한 농산물   fresh _____

☐ 09. 우리는 자주 외식을 해.   We often _____ out.

☐ 10. 그는 역사를 가르쳐.   He _____ history.

☐ 11. 1과 1/2   one and a _____

☐ 12. 실제 상황   a real _____

☐ 13. 그녀는 편안한 삶을 살아.   She lives an _____ life.

☐ 14. 비용이 얼마나 들어?   How much does it _____?

☐ 15. 자동차 산업   the car _____

Answers

01. Everyone   02. couple   03. site   04. hit   05. activities   06. table   07. court
08. produce   09. eat   10. teaches   11. half   12. situation   13. easy   14. cost
15. industry

INDEX

class	163	drug	173	far	101
college	157	drvie	185	father	104
come	037	during	080	federal	185
community	117	each	079	feel	060
company	078	early	139	few	077
consider	150	easy	202	field	065
continue	116	eat	201	finally	178
control	163	economic	171	find	046
cost	202	education	142	first	044
could	037	effect	162	follow	125
country	070	effort	171	food	140
couple	198	else	165	foot	146
course	158	end	109	for	012
court	200	enough	142	force	141
create	126	especially	192	former	168
cut	157	even	049	former	194
day	045	event	195	free	179
death	158	ever	110	friend	104
decide	172	every	072	from	019
decision	180	everyone	198	full	188
develop	181	everything	148	game	108
development	169	expect	155	get	023
die	155	experience	161	girl	139
difference	186	explain	180	give	047
different	095	eye	096	go	021
director	191	face	126	good	052
do	014	fact	095	government	081
door	131	fall	156	great	069
down	054	family	063	ground	194

group	069	human	154	law	112
grow	133	I	012	lead	123
guy	139	idea	122	leader	174
half	202	if	023	learn	118
hand	072	important	104	least	118
happen	087	in	010	leave	064
hard	165	include	116	less	180
have	011	including	149	let	068
he	013	industry	203	level	129
head	101	information	123	life	053
health	131	interest	158	light	177
hear	079	international	187	like	038
heart	173	into	036	line	109
help	070	is	009	little	102
her	024	issue	100	live	085
here	046	it	011	local	161
high	061	its	040	long	102
him	036	job	097	look	041
himself	141	join	188	lose	111
his	019	just	036	lot	096
history	132	keep	068	love	149
hit	199	kid	122	low	138
hold	086	kill	162	major	168
home	092	kind	101	make	027
hope	181	know	028	man	046
hour	108	large	088	many	047
house	102	last	056	market	154
how	039	late	164	matter	195
however	111	later	116	may	054

maybe	147	new	044	parent	125
me	032	next	088	part	076
mean	065	night	085	party	133
meet	115	no	045	pass	165
member	111	not	019	pay	111
might	073	nothing	123	people	032
military	179	now	038	perhaps	164
million	088	number	084	person	131
mind	078	of	010	pick	193
minute	119	off	084	place	077
model	188	offer	142	plan	157
moment	140	office	130	play	080
money	094	official	195	player	192
month	095	often	108	point	086
more	040	oh	156	police	178
morning	137	oil	201	policy	148
most	062	old	064	political	109
mother	093	on	014	position	191
move	085	once	117	possible	173
Mr	086	one	029	power	107
much	063	only	048	president	118
music	149	open	134	price	179
must	089	or	020	probably	151
my	027	other	039	problem	071
name	117	our	040	process	149
nation	157	out	033	produce	200
national	094	over	055	program	079
need	060	own	063	project	199
never	061	paper	193	provide	103

public	126	season	188	space	194
pull	178	second	146	speak	129
put	064	see	036	special	193
question	080	seem	070	spend	130
raise	164	sell	168	stand	110
rate	172	send	155	star	200
reach	161	sense	155	start	072
read	129	serve	154	state	060
real	118	service	103	stay	156
really	062	set	116	still	056
reason	137	several	122	stop	125
receive	186	she	020	story	094
record	192	should	055	strong	172
relationship	184	show	076	student	068
remain	162	side	100	study	096
remember	146	since	103	such	077
report	170	sit	107	suggest	163
require	169	site	198	support	194
research	138	situation	202	sure	132
result	133	six	162	system	078
return	179	small	084	table	200
right	079	so	030	take	033
road	184	social	124	talk	071
role	170	society	191	tax	191
room	093	some	032	teach	201
run	084	someone	158	teacher	141
same	069	something	062	team	119
say	014	sometimes	169	tell	048
school	056	son	181	than	038

thank	186	up	028	wife	177
that	012	us	053	will	028
the	00 9	use	045	win	138
their	022	value	187	with	013
them	031	very	048	within	133
themselves	170	view	181	without	088
then	039	voice	177	woman	052
there	029	wait	154	word	097
these	041	walk	137	work	054
they	015	want	041	world	055
thing	046	war	132	would	023
think	030	watch	124	write	093
this	015	water	092	yeah	163
those	048	way	041	year	030
though	100	we	018	yes	103
through	053	wear	193	yet	109
time	029	week	078	you	013
to	011	well	047	young	094
today	087	what	021	your	037
together	125	when	031		
too	060	where	071		
toward	147	whether	124		
town	184	which	031		
true	185	while	064		
try	056	white	117		
turn	071	who	022		
under	092	whole	177		
understand	124	whose	195		
until	107	why	068		

MEMO

미국인 사용빈도
1위-500위
기초 영단어

지은이	지니쌤
디자인	이윤정
삽화	박응식
제작	류제양
펴낸이	진혜정
펴낸곳	서울특별시 양천구 목동중앙본로 22길 61 2층 지니의 영어방송국
펴낸날	2022년 8월 15일 초판 제1쇄 발행
전화	010-3199-9496
이메일	englishcast@naver.com
홈페이지	https://www.joyclass.co.kr
등록번호	제1-68호
정가	15,000원
ISBN	979-11-964032-5-6

First Published
Copyright ⓒ 2022 by Jin Han